Ohn.

**Progressive Relaxation
für Kids**

Der Autor

 Dr. phil. Dietmar Ohm (*1951), Dipl.-Psychologe, arbeitet als Psychologischer Psychotherapeut im St.-Elisabeth-Krankenhaus in Eutin und in eigener Praxis in Lübeck. Seine Tätigkeitsfelder umfassen neben Psychotherapie und psychologischer Schmerzbewältigung auch Entspannungsverfahren und Gesundheitspsychologie. Dr. Ohm ist seit 1995 Vorsitzender der Psychologischen Fachgruppe Entspannungsverfahren (Autogenes Training · Progressive Relaxation · Hypnose · Biofeedback) im Berufsverband Deutscher Psychologinnen und Psychologen.

Dr. Dietmar Ohm

Progressive Relaxation für Kids

- Die praktische Anleitung:
  So üben Sie die Tiefmuskelentspannung
  mit Ihrem Kind

Leserservice:

Wenn Sie Fragen oder Anregungen
zu diesem Buch haben, schreiben
Sie uns:

TRIAS Verlag
Postfach 30 11 07
70451 Stuttgart

oder schicken Sie uns eine
E-Mail: trias.lektorat@thieme.de

Lektorat: Stefan Vieregg M.A.

Dieses Buch wurde in der
neuen deutschen
Rechtschreibung verfasst.

Zeichnungen:
Christine Lackner, Ittlingen

Umschlaggestaltung:
Cyclus · Visuelle Kommunikation,
Stuttgart

Bildnachweis:
Umschlag vorne: Mauritius
Umschlag hinten: MEV

Die Deutsche Bibliothek –
CIP-Einheitsaufnahme
Ein Titeldatensatz für diese
Publikation ist bei der Deutschen
Bibliothek erhältlich

© 2000 Georg Thieme Verlag
Rüdigerstraße 14,
D-70469 Stuttgart
Printed in Germany

Satz: Mitterweger & Partner
Kommunikationsgesellschaft mbH,
Plankstadt
Druck: Gulde-Druck, Tübingen

Gedruckt auf chlorfrei gebleichtem
Papier

ISBN 3-89373-547-X   1 2 3 4 5 6

Zu diesem Buch

Forschungsergebnisse belegen, dass psychische Belastungen und Stress eine wesentliche Rolle bei der Entstehung von gesundheitlichen Beschwerden, Entwicklungsstörungen und Schulproblemen bei Kindern und Jugendlichen spielen. Psychologische Entspannungsmethoden haben in den letzten Jahren im Sinne einer Therapie oder Vorbeugung ohne schädliche Nebenwirkungen vor allem im Erwachsenenbereich an Bedeutung gewonnen. Zwar sind eine Reihe von Entspannungsverfahren entwickelt worden, die sich an den Bedürfnissen und Besonderheiten von Kindern und Jugendlichen orientieren. Es mangelt allerdings in eklatantem Maße an Einrichtungen und niedergelassenen Therapeuten*, die entsprechende Verfahren anbieten.

Das in Deutschland entwickelte Autogene Training und die aus den USA stammende Tiefmuskelentspannung (Progressive Relaxation) sind unter der Vielzahl der verschiedenen Entspannungsmethoden am weitesten verbreitet und am besten erforscht. Für beide Methoden ist der Gedanke der Selbststeuerung und Selbstverantwortung wesentlich. Es soll keine Abhängigkeit von einem Therapeuten aufgebaut werden, vielmehr geht es um die Hilfe zur Selbsthilfe. Entspannungstraining kann die Fähigkeit von Kindern und Jugendlichen verbessern, Alltagsbelastungen günstig zu bewältigen, kann die Gesundheit stärken und die Lebensqualität erhöhen. Dabei darf Entspannungstraining nicht als ein allumfassendes Patentmittel zur Lösung aller Lebensprobleme missverstanden werden. Aber das regelmäßige Praktizieren des Trainings ist im Sinne eines gesundheitlichen Schutzfaktors ein wichtiger eigener Beitrag, um die seelische und körperliche Gesundheit zu schützen und zu stärken. Dieser Aspekt ist bei Kindern und Jugendlichen besonders wichtig, da bei ihnen wesentliche Weichen für das Leben gestellt werden. Daher ist die Vermittlung von gesundheitsstärkenden Fähigkeiten an Kinder und Jugendliche von entscheidender Bedeutung. Bekanntlich ist vorbeugen besser als heilen.

---

* Aus Gründen der Einfachheit habe ich bei dieser und bei allen vergleichbaren Bezeichnungen ausschließlich die männliche Form gewählt – die Leserinnen unter Ihnen mögen mir dies verzeihen.

Die Progressive Relaxation hat, verglichen mit dem Autogenen Training, bisher in Deutschland einen eher geringen Bekanntheitsgrad – anders als in den USA. Doch es werden für Erwachsene zunehmend Kurse zur Progressiven Relaxation angeboten, da diese Methode vielen Teilnehmern wegen des pragmatischen und »handfesten« Charakters zumindest als Einstieg in das Entspannungstraining mehr zusagt als das Autogene Training. Während beim Autogenen Training in aller Regel viel Geduld bis zu den ersten spürbaren Wirkungen aufgebracht werden muss, nehmen die Teilnehmer bei der Progressiven Relaxation meist bereits nach den ersten Übungen Entspannungsempfindungen wahr. Dieser Aspekt ist in der Arbeit mit Kindern und Jugendlichen von besonderer Bedeutung, da viele nur schwer zu Entspannungsübungen zu motivieren sind, wenn sie nicht gleich spüren, »was es bringen soll«.

Die bisher für Kinder und Jugendliche in Deutschland bekannten Entspannungsverfahren basieren fast alle auf dem Autogenen Training. Es liegen erst wenige fundierte Ansätze vor, die eine Anpassung der Progressiven Relaxation an die Bedürfnisse von Kindern und Jugendlichen vorgenommen haben (beispielsweise Petermann 1996).[27]

> Dieses Buch stellt erstmals in umfassender Weise die Möglichkeiten, Besonderheiten und Grenzen der Progressiven Relaxation bei Kindern und Jugendlichen dar. Neben einer Einführung in das Konzept und die Methodik werden Anleitungstexte zu zwei Kurzformen der Progressiven Relaxation, zu einer Langform und eine Entspannungsgeschichte vorgestellt.

Das Buch richtet sich an Eltern, die für ihre Kinder ein effektives Verfahren zur Selbstentspannung, Stressbewältigung und Gesundheitsvorsorge suchen. Es richtet sich außerdem an Therapeuten und Lehrer sowie Erzieher, die mit Kindern und Jugendlichen arbeiten. Sie finden fundierte fachliche Anregungen und didaktische Hilfen für die Durchführung von Kursen und Einzelbehandlungen. Aber auch Jugendlichen bietet der Text eine prägnante und leicht verständliche Einführung in die Progressive Relaxation und eignet sich daher sehr gut zur Kursbegleitung.

Stressbedingte Probleme und Störungen bei Kindern und Jugendlichen

Schulangst, Nervosität, Konzentrationsstörungen und stressbedingte körperliche Probleme wie Kopfschmerzen, Magen- und Darmbeschwerden nehmen bei Kindern und Jugendlichen zu. Viele Kinder und Jugendliche wirken nervös und angespannt, sind häufig unkonzentriert, lustlos oder erschöpft. Ein hohes »Lebenstempo«, Reizüberflutung, unsichere Familienbindungen, hoher Fernseh-/Videokonsum, Computerspiele, schulischer Leistungsdruck, Zeitmangel der Eltern – das sind nur einige Stichworte, die deutlich machen, welchen nervlichen Belastungen Kinder und Jugendliche heute ausgesetzt sind.

Überfordernde Stressbelastungen werden zu Recht immer wieder für eine Vielzahl von Beschwerden und Erkrankungen bei Kindern und Jugendlichen verantwortlich gemacht. Es stellen sich die Fragen: Was genau ist unter Stress zu verstehen? Warum und auf welche Weise beeinflusst Stress die körperliche und seelische Gesundheit?

Beeinflussung von Körperfunktionen durch Stressbelastungen

Um die Verbindung zwischen der Psyche und dem Körper besser zu verstehen, ist eine Betrachtung unseres Nervensystems sinnvoll. Das menschliche Nervensystem lässt sich in einen willkürlich gesteuerten Bereich und einen normalerweise nicht willkürlich beeinflussbaren (autonomen) Bereich unterteilen. Unsere bewussten, willkürlichen Handlungen werden durch das willkürliche Nervensystem gesteuert. Damit ist das willkürliche Nervensystem vor allem für unsere Beziehungen und Handlungen nach außen, zur Umwelt wichtig. Dagegen regelt das unwillkürliche oder *vegetative Nervensystem* die inneren Lebensfunktionen (zum Beispiel Atmung, Verdauung, Herz, Stoffwechsel). Aus den Begriffen unwillkürlich oder autonom geht schon hervor, dass das vegetative Nervensystem weitgehend unabhängig vom bewussten Willen ist. Aber es ist nicht völlig unabhängig, insbesondere seelische Vorgänge wirken sich auf das vegetative Nervensystem und damit auf Körperfunktionen aus. Hierbei spielt das Zusammenwirken des Sympathikus und des Parasympathikus, der beiden Teile des vegetativen Nervensystems, eine wesentliche Rolle.

Während der Sympathikus vorwiegend eine aktivierende Funktion hat (zum Beispiel Beschleunigung des Herzschlages, Erhöhung des Blutdruckes) und damit Leistungen ermöglicht, wirkt der Parasympathikus vor allem in Richtung Energiespeicherung, Aufbau und Erholung. Das Ziel dieses Zusammenwirkens ist ein ausgeglichener, harmonischer Wechsel zwischen Anspannung und Entspannung, zwischen Verausgabung und Erholung. Im Zustand der Gesundheit und des Wohlbefindens schwanken einzelne Körperfunktionen (zum Beispiel Blutdruck, Körpertemperatur) innerhalb bestimmter Grenzen und selbst kurzfristige Fehlsteuerungen normalisieren sich relativ schnell wieder.

Einen aktivierenden Einfluss auf unser vegetatives Nervensystem und damit auf unsere Körperfunktionen haben alle Erlebnisse und Erfahrungen, die wir als herausfordernd, erschreckend oder alarmierend erleben. Wir sprechen bei diesen Erfahrungen allgemein von Stressreizen oder Stressoren. Das vegetative Nervensystem reagiert in aller Regel auf alarmierend erlebte Stressreize mit einer Erhöhung der Sympathikus-Aktivität. Das führt neben anderen Symptomen zu einer Pulsbeschleunigung, zu einem Blutdruckanstieg, zu einer Erhöhung des Blutzuckers, der Blutfette und der Blutgerinnungsfähigkeit. Diese Reaktionen sind Ausdruck einer inneren Alarmsituation: Der Körper stellt Energien bereit, um sich auf eine Aktivität vorzubereiten. Man spricht daher auch von einer *Bereitstellungsreaktion.*

Genau genommen bereitet sich der Organismus auf eine *körperliche* Aktivität, nämlich auf Flucht oder Angriff vor. Dies hat seinen Grund in der Entwicklungsgeschichte der Menschen. Denn während des längsten Abschnittes der Geschichte standen die Menschen vor allem vor Herausforderungen, die sie körperlich bewältigen mussten. Beispielsweise für die Jagd oder für den bevorstehenden Kampf mit einem Feind ist es sinnvoll, wenn durch Erhöhung von Puls, Blutdruck, Blutfetten und Blutzucker die Energiereserven des Körpers mobilisiert werden. Das Gleiche gilt für die Vorbereitung auf eine eventuell nötig erscheinende Flucht; hier ergibt sogar die verstärkte Gerinnungsfähigkeit des Blutes einen Sinn: Bei einer möglichen Verletzung wird der Blutverlust geringer gehalten.

Die Stressbelastung ist gesundheitlich völlig unbedenklich, solange die Alarmsituation nicht allzu lange anhält, die mobilisierte Energie durch körperliche Aktivität wieder abgebaut wird und ausreichende Zeit zur Erholung vorhanden ist.

Positiver und negativer Stress – Eustress und Distress

Um gesund, widerstandsfähig und leistungsfähig zu bleiben, brauchen wir sogar einen – gesunden – Stress, denn bei Unter-

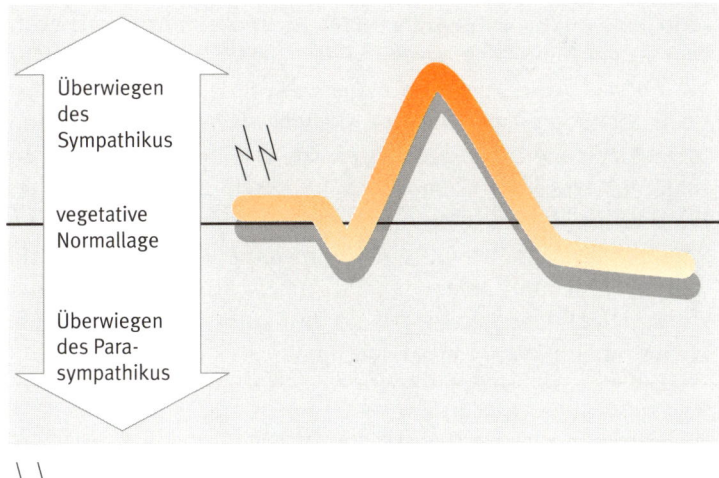

Abb. 1: Schema eines gesundheitlich günstigen Stressablaufs (Eustress)

forderung, bei zu wenig Anregung und Aufregung droht erfahrungsgemäß gesundheitlicher Schaden. Die Art der vegetativen Steuerung bei – gesundem – Stress (**Eustress**) geht aus Abbildung 1 hervor.

Wenn jemand eine Erfahrung macht, die ihn aufregt und innerlich alarmiert, kommt es zunächst zu einer Art »Schrecksekunde« (Vorphase), danach tritt die Bereitstellung von körperlichen Energien durch eine verstärkte Wirkung des Sympathikus ein (Alarmphase). Im gesundheitlich günstigen Fall löst sich die Spannung nach nicht allzu langer Zeit wieder und es kommt zu einer parasympathikusbetonten Erholungsphase.

Beispiel

Tina
In einigen Tagen soll eine Mathematikarbeit geschrieben werden. Der Lehrer nimmt noch einmal Aufgaben durch, die in ähnlicher Art in der Klassenarbeit kommen werden. Trotz der Erklärungen des Lehrers versteht Tina noch nicht, wie eine bestimmte Aufgabe zu rechnen ist. Sie bekommt einen Schreck, wenn sie an die Mathearbeit denkt: Wie soll sie es richtig machen, wenn sie es jetzt nicht versteht? Sie merkt, dass sie ganz aufgeregt wird und dass ihr Herz klopft. Es ist ihr zwar etwas unangenehm, einzugestehen, dass sie die Aufgabe noch nicht kapiert hat, aber sie gibt sich einen Ruck und meldet sich. Sie bittet den Lehrer, die Aufgabe noch einmal zu erklären, was dieser auch macht. Nach der nochmaligen Erläuterung der Rechenschritte fällt bei Tina der »Groschen«. Sie spürt deutlich, wie ihr ein »Stein vom Herzen fällt« und sie wieder ruhig und gelassen wird. In der Pause tobt sie sich zunächst auf dem Schulhof etwas aus, lehnt sich dann an eine Mauer und entspannt einen Moment.

Obwohl es in diesem Beispiel um Aufregung geht, handelt es sich um Eustress, gesunden Stress, denn die Anspannung ist nur von kurzer Dauer und Entspannung sowie körperliche Aktivität bilden ein ausreichendes Gegengewicht.

Leider sieht die Wirklichkeit für viele Kinder und Jugendliche heute so aus, dass nicht von gesunden Stressbelastungen gesprochen werden kann, sondern oft chronische Überreizungen und Überforderungen vorliegen. Verschlimmernd wirkt sich der weit verbreitete Bewegungsmangel aus. Der krank machende, überfordernde Stress wird auch als **Distress** bezeichnet. Unsere moderne, industrialisierte Gesellschaft und die damit verbundene Lebensform hat die Gefahr von Distress wesentlich erhöht: Die körperlichen Belastungen nehmen ab, während die geistigen, seelischen und nervlichen Belastungen auch durch Reizüberflutung (zum Beispiel Fernsehen, Videospiele, Computer, Schulstress, zunehmende Verkehrsdichte, Lärm) ständig zunehmen. Verschlimmernd wirken sich darüber hinaus psychische Belastungen wie zum Beispiel Konflikte in der Familie, Wohnortwechsel, Zeitmangel der Eltern oder Scheidung aus.

In Abbildung 2 ist schematisch die Art der vegetativen Steuerung bei Distress dargestellt: Bevor auf die Alarmphase die Erholungsphase folgen kann, muss sich der Organismus bereits mit neuen Stressreizen auseinandersetzen. Auf diese Weise

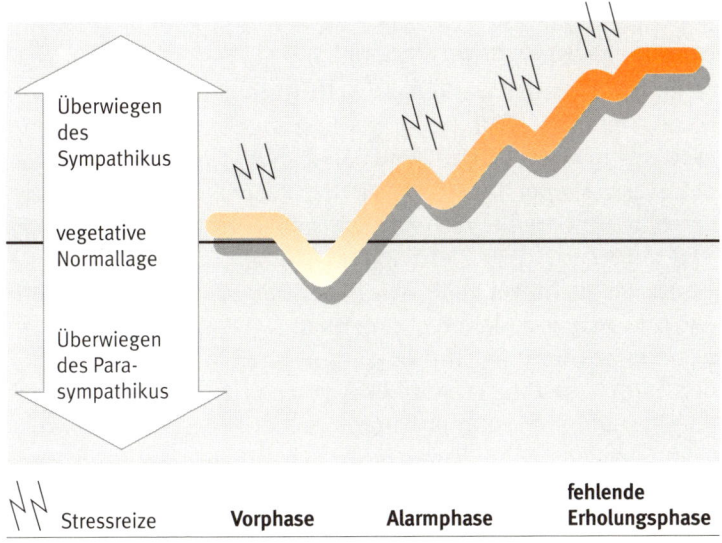

Überwiegen des Sympathikus

vegetative Normallage

Überwiegen des Parasympathikus

Stressreize   **Vorphase**   **Alarmphase**   **fehlende Erholungsphase**

Abb. 2: Schema eines gesundheitlich ungünstigen Stressablaufs (Distress)

schaukelt sich die innere Anspannung auf, und es kommt schließlich zu einer Art innerem Daueralarm, zu einer Dauerspannung. Der für Gesundheit und Wohlbefinden wichtige harmonische Wechsel zwischen Anspannungs- und Entspannungsphasen wird hierdurch gestört. Wenn eine solche Situation längere Zeit anhält, kann es auch zu einer Gewöhnung an diesen Zustand kommen, so dass selbst in Ruhephasen keine ausreichende Erholung und Entspannung mehr möglich ist. Wir haben dann ein Kind vor uns, das ständig »unter Dampf« steht oder auch als »hyperaktiv« gilt.

Beispiel

Timo
Wieder einmal haben Timo und seine Eltern verschlafen. Timo kommt kaum aus dem Bett. Kein Wunder, gestern ist es wieder sehr spät geworden, da er sich nicht von seinem neuen Computerspiel trennen konnte. Nun aber schnell! Fürs Frühstück bleibt keine Zeit. Mit einer Scheibe Brot in der Hand läuft er zum Bus, den er gerade noch so eben vor der Abfahrt erreicht. Ihm fällt siedend heiß ein, dass er die Matheaufgaben noch nicht gemacht hat. Zum Glück ist sein Freund Klaus im Bus, der ihn die Aufgaben schnell abschreiben lässt. Gut sieht es zwar wegen der wackeligen Schrift nicht aus, aber immerhin hat er sie im Heft. In der Mathestunde rügt der Lehrer die verwackelten Zahlen in Timos Heft, was Timo sehr unangenehm ist. Als der Lehrer die neuen Rechenaufgaben erklärt, versteht Timo nicht, wie es gehen soll. Er wird ganz ängstlich und aufgeregt: »Wie soll ich bloß die Mathearbeit schaffen, wenn ich nicht verstehe, wie die Aufgaben gerechnet werden?« Er mag gar nicht daran denken, was seine Eltern sagen, wenn er wieder eine Fünf bekommt. Aber er traut sich nicht, den Lehrer um eine erneute Erklärung zu bitten. Die anderen könnten ihn ja für dumm halten und der Lehrer ist ja sowieso schon sauer auf ihn. Timo fühlt sich immer unruhiger und unwohler. Als es endlich zur Pause klingelt, fühlt er sich sehr angespannt, aber irgendwie auch abgeschlagen und traurig. Er mag nicht mit den anderen herumtollen und setzt sich in eine

Ecke, um mit seinem »Gameboy« zu spielen. Nebenbei isst er Süßigkeiten, die er sich zu Hause eingesteckt hat. Als sich ein anderer Junge zu ihm setzt und etwas fragt, reagiert Timo sehr gereizt, so dass es zum Streit kommt. Glücklicherweise klingelt es zur nächsten Stunde, bevor die beiden aufeinander losgehen können. Irgendwie kann sich Timo gar nicht richtig auf den Unterricht konzentrieren, er fühlt sich immer unwohler und bekommt Kopfschmerzen. Als die Schule vorbei ist, geht es durch den hektischen Verkehr der Großstadt wieder nach Hause. Nach dem Mittagessen und den Hausaufgaben wartet sein Computerspiel schon auf ihn. Da es durch das Fernsehen doch wieder länger als geplant wird, kommt er erst ziemlich spät ins Bett. Trotzdem ist er sehr aufgedreht und kann schlecht einschlafen ...

Dieser Tagesablauf von Timo ist natürlich nur *ein* Beispiel, wie Distress entstehen kann. Es ist gesundheitlich unbedenklich, wenn Überforderungen nur ab und zu einmal vorkommen, denn das kann der Organismus ausgleichen. Problematisch ist aber der chronische Distress, also die lang andauernde Überforderung, wofür eine Vielzahl von Gründen verantwortlich sein kann. Die chronische Überforderung und der vegetative Entspannungsverlust können zu einer andauernden Überaktivität des Sympathikus führen.

Hierin ist nun eine Verbindung vom seelischen Erleben zum Körper zu sehen, wobei vor allem das Herz-Kreislauf-System betroffen ist. Es kann zu schnellem Puls (Herzklopfen), Unregelmäßigkeiten des Herzschlages, Blutdruckveränderungen usw. kommen. Eine weitere wichtige Veränderung durch Distress betrifft die Muskulatur: Es kommt meist zu Muskelverspannungen. Häufig liegt beispielsweise die Ursache für Kopfschmerzen in verspannter Nacken- und Schultermuskulatur, während Rückenschmerzen durch verspannte Rückenmuskulatur zustande kommen.

Eine lang anhaltende Dämpfung des Parasympathikus durch Distress und damit die Verminderung der aufbauenden und

Energie gewinnenden Fähigkeiten des Körpers schwächen die Abwehrkräfte und erhöhen allgemein die Krankheitsanfälligkeit. Daher treten bei chronisch überforderten Kindern und Jugendlichen vermehrt Infekte wie zum Beispiel Schnupfen, Erkältungen, Grippe, Magen- und Darminfekte auf. Aber auch schwerere Erkrankungen können durch eine Schwächung des Immunsystems begünstigt werden.

Der bisher besprochene Distress ist mit einer Überaktivierung des Sympathikus verbunden. Hierin kann – wie bereits erwähnt – eine Brücke zwischen dem psychischen Erleben und der Entwicklung von Beschwerden und Krankheiten bestehen.

Vegetative Fehlregulation

Es gibt andererseits Beschwerdebilder, die nicht durch eine Überaktivierung des Sympathikus, sondern durch eine Überaktivierung des Parasympathikus (oder Vagus) verursacht werden. Menschen, die zu dieser Form der vegetativen Fehlregulation neigen, werden auch als Vagotoniker bezeichnet. In diesen Fällen kommt es bei Belastungen nicht zur normalen Stressreaktion, sondern diese bleibt in der Vorphase stecken. Dies ist beispielsweise der Fall, wenn sich jemand bei Herausforderungen gar nicht zum Widerstand oder zur Auseinandersetzung mit dem Problem aufraffen kann, weil er zu verängstigt, resigniert oder wie gelähmt ist. Wenn diese Zustände von Hilflosigkeit, Schwäche und Angst häufig und schließlich sogar gewohnheitsmäßig auftreten, kann es durch eine Überaktivität des Parasympathikus zu Störungen der vegetativen Steuerung kommen. Die Folge sind dann Beschwerden wie

- *Schwindelgefühle, Durchblutungsstörungen und Mattigkeit durch Absinken des Blutdrucks,*
- *Übelkeitsgefühle und Verdauungsstörungen durch Verkrampfungen der Muskeln im Magen und Darm sowie*
- *Luftnot durch ein Zusammenziehen der Bronchien.*
- *Nicht selten treten auch Kopfschmerzen und Neigung zum Erröten auf.*

Der Volksmund kennt eine Reihe von Redensarten, die den Zusammenhang von Angstsituationen und entsprechenden Körperreaktionen beschreiben: »Mir dreht sich der Magen um«, »Ich habe Schiss«, »Mir wird flau«, »Ich glaube, ich falle um«, »Mir bleibt vor Schreck die Luft weg«.

Vegetative Dystonie

Neben den Fehlregulationen, die entweder durch eine Überaktivierung des Sympathikus oder des Parasympathikus zustande kommen, gibt es auch Störungen mit wechselnden Ursachen. Hierbei führen seelische Probleme und Konflikte zu einer Störung des vegetativen Zusammenspiels (vegetative Labilität), und damit kann ein weites Spektrum von körperlichen Missempfindungen und Beschwerden auftreten. Wenn den körperlichen Beschwerden, die individuell sehr unterschiedlich ausgeprägt sein können, derartige vegetative Fehlregulationen zu Grunde liegen, spricht man auch von *vegetativer Dystonie.*

Das Zusammenspiel von inneren und äußeren Einflüssen bei Stress

Wie die Fallbeispiele von Tina und Timo gezeigt haben, ist Stress allerdings nicht einfach nur ein äußerer Einfluss. Zwar wirken viele Stressreize wie beispielsweise Lärm, Hektik, Hitze oder ein ungeduldiger Lehrer als äußere Stressoren. Aber auch die Art, wie wir Situationen und Einflüsse interpretieren und mit ihnen umgehen, spielt eine wichtige Rolle dafür, ob wir Eustress erleben oder in Distress geraten. Während Tina nach Überwindung ihrer Schüchternheit den Lehrer um zusätzliche Informationen bitten und damit ihren »Lernblock« beseitigen konnte, war es bei Timo anders: Ihm stand seine Ängstlichkeit oder auch sein »falscher Stolz« im Weg, so dass er seine Probleme »in sich hineinfraß« und damit nicht die Chance bekam, die Mathematikaufgabe zu verstehen.

Erklärung nach Lazarus: Ein Erklärungsmodell für das Zusammenwirken äußerer und innerer Einflüsse auf das Stresserleben stammt von dem amerikanischen Psychologen Lazarus.[16,17] In seinem in Fachkreisen weit verbreiteten transaktionalen Ansatz geht er davon aus, dass äußere und innere Stressoren sowie die Art der individuellen Bewältigung der jeweiligen Situation zusammenwirken. Ob ein Einfluss als Stressor wirkt, hängt zunächst stark davon ab, wie jemand die Situation wahrnimmt und bewertet. Beispielsweise leiden manche Kinder unter Versagensängsten, so dass sie »blockieren«, wenn sie vom Lehrer befragt werden, während sich andere Kinder freuen, eine Antwort geben zu dürfen. Eine weitere wichtige Rolle spielen die jeweiligen verfügbaren und genutzten Bewältigungsstrategien. Beispielsweise können bereits Gedanken wie »Ich bleibe ganz ruhig« oder »Es gibt keine dummen Fragen, nur dumme Antworten« helfen, mit Schulangst besser klar zu kommen. Dagegen verschlimmern *katastrophisierende Gedanken* wie »Wenn ich nachfrage, halten mich der Lehrer und die Mitschüler für dumm« Gefühle von Unsicherheit und Angst. Überforderung und Distress drohen immer dann, wenn ein gestörtes oder instabiles Gleichgewicht zwischen den äußeren Anforderungen einerseits und den subjektiven Bewertungen und Bewältigungsfähigkeiten andererseits besteht. Bei den Bewältigungsfähigkeiten wird zwischen »problemlösender« und »emotionsregulierender« Funktion unterschieden. Problemlösende Strategien beziehen sich auf die konkrete Veränderung einer Situation beispielsweise durch Veränderung der Zeitplanung, Einrichten von regelmäßigen Lernzeiten, Abbau von Reizüberflutung durch weniger Lärm, weniger Fernsehen, Videospiele usw. Zu »problemlösenden Strategien« kann es auch gehören, an den eigenen Ansprüchen, Erwartungen, Zielen und Gewohnheiten zu arbeiten, um beispielsweise Selbstüberforderungen abzubauen. Dagegen dienen »emotionsregulierende« Strategien der Kontrolle der körperlichen und psychischen Reaktionen auf Stressbelastungen.

Vorteile durch Entspannung: Dementsprechend hat Entspannungstraining eine wichtige »emotionsregulierende« Funktion und hilft, Stressbelastungen konstruktiv zu bewältigen. Es ist ein großer Unterschied, ob ein Kind oder ein Jugendlicher in Belastungssituationen relativ gelassen hineingeht oder ob starke Aufregung leicht zu Lernblockaden führt. Kinder und Jugendliche, die Entspannungstraining praktizieren, haben außerdem den Vorteil, dass sie sich auch in einer Belastungs-situation entspannen und damit schädlichen Distress abbauen können.

Zusammenfassung

Wenn äußere Stressreize (zum Beispiel Reizüberflutung, Hektik, Überforderung) und/oder innere Stressreize (zum Beispiel negatives Denken, Gefühle von Hilflosigkeit, Angst) bei unzureichenden Bewältigungsfähigkeiten zu starker psychischer Belastung eines Menschen führen, kommt es meist zu Störungen der vegetativen Harmonie. Dadurch entstehen häufig körperliche und/oder seelische Beschwerden. Die Tatsache der Beeinflussbarkeit und Störbarkeit der vegetativen Steuerung durch psychische Einflüsse kann daher als *eine* Brücke zwischen Psyche und Körper angesehen werden.

Allerdings ist zu beachten, dass über diese psychosomatische Brücke lediglich ein im Einzelfall mehr oder weniger starker Einfluss auf die Gesundheit und das körperliche Wohlbefinden ausgeübt wird. Selbstverständlich gibt es wichtige andere Einflüsse, wie zum Beispiel Erbanlagen und Krankheitskeime, die das Entstehen von Krankheiten begünstigen. Nur bei genauer Beschäftigung mit dem Einzelfall ist klärbar, inwieweit auch psychische Einflüsse die Gesundheit schädigen. In aller Regel ist nicht ein Faktor, sondern ein Bündel von Einflüssen für die Entstehung von Krankheiten verantwortlich.

Mit Hilfe von Entspannungstraining kann gesundheitlich schädlichem Distress entgegengewirkt werden. Durch den Abbau von chronischer Selbst- und/oder Fremdüberforderung lässt sich Distress in gesundheitlich günstigen Eustress umwandeln. Regelmäßiges Entspannungstraining kann zu einer Harmonisierung vegetativer Funktionen beitragen und damit körperlichen und seelischen Störungen vorbeugen oder diese gegebenenfalls abbauen.

Der Einfluss von Distress auf das Wohlbefinden und die schulische Leistungsfähigkeit

Distress begünstigt nicht nur das Entstehen von Beschwerden und Erkrankungen. Chronische Überforderung beeinträchtigt auf jeden Fall zumindest das Wohlbefinden und die Lebensqualität. Überforderte und überreizte Kinder fühlen sich meist unwohl und unausgeglichen. Die Konzentrations- und Leistungsfähigkeit in der Schule wird durch Distress stark beeinträchtigt. Lernpsychologische Untersuchungen haben zum Beispiel gezeigt, dass das Ausmaß innerer Erregung die Konzentrations- und Lernleistung in charakteristischer Weise beeinflusst. Wenn die innere Anspannung zu gering ist (»Null Bock«), werden erfahrungsgemäß viele Fehler gemacht. In einer geringgradigen Anspannung – also bei guter Motivation – werden die wenigsten Fehler gemacht, während bei starker Aufregung die Fehlerzahl drastisch ansteigt.

Wie das obige Beispiel zeigte, sind bei Timo bei einem längerfristigen Andauern der geschilderten Überforderungssituation nicht nur körperliche Beschwerden zu befürchten. Ebenso besteht die Gefahr, dass seine schulischen Leistungen nachlassen und dass insgesamt sein Wohlbefinden und damit seine Lebensqualität beeinträchtigt werden. Nicht selten reagieren Kinder und Jugendliche auf chronische Überforderungssituationen auch mit Gefühlen von Hilflosigkeit, Niedergeschlagenheit und Angst oder reagieren gereizt und aggressiv.

Entspannt besser lernen?

Entspannungstraining hilft, einer chronischen Selbst- und Fremdüberforderung entgegenzuwirken und Distress zu vermindern. Es ist daher zu erwarten, dass Entspannungstraining vielen schulischen Problemen vorbeugen oder sie ggf. abbauen kann. In einer Reihe von Untersuchungen wurde überprüft, ob sich die Lern- und Leistungsfähigkeit von Kindern durch Entspannungstraining bessern lässt. Für die Progressive Relaxation liegen allerdings im deutschsprachigen Raum – anders als etwa in den USA – hinsichtlich schulischer Leistungen kaum einschlägige Studien vor. Um den möglichen Nutzen von Entspannungstraining generell aufzuzeigen, sollen daher an dieser Stelle Untersuchungsergebnisse für das Autogene Training und zu abgewandelten Entspannungsverfahren im schulischen Bereich vorgestellt werden.

Eine Verbesserung der Konzentrationsleistung durch das Autogene Training wurde bei zehnjährigen Schülerinnen und Schülern in Deutschland auf Grund der Ergebnisse in einem Konzentrationstest (d2-Test) und anhand von Elterneinschätzungen über die Konzentrationsleistungen ihrer Kinder festgestellt.[13] Positive Ergebnisse eines abgewandelten (stärker fremdsuggestiven) Autogenen Trainings auf die Konzentrationsfähigkeit und psychomotorische Leistung geistig behinderter Kinder liegen ebenfalls vor.[28] Mit Hilfe des Autogenen Trainings konnte die Konzentrationsfähigkeit leistungsschwacher Schülerinnen und Schüler deutlich gesteigert werden.[18] Und: Auf Grund der Ergebnisse in einer Kontrollgruppen-Vergleichsstudie an insgesamt 80 zehnjährigen Schülern war ein Abbau von allgemeiner Ängstlichkeit und Prüfungsangst durch die Teilnahme am Autogenen Training festzustellen.[15]

Neben den genannten Verbesserungen in Hinblick auf Konzentrationsleistungen und Angstabbau konnten auch schulische Leistungsverbesserungen belegt werden. So eine Abnahme von Rechtschreibfehlern bei Legasthenikern, die ergänzend zum Förderunterricht am Autogenen Training teilnahmen.[3]

In einer bemerkenswerten Studie erhielten zehn Hauptschullehrer eine Einweisung in die Grundübungen des Autogenen Trainings, die diese dann mit insgesamt 200 Schülerinnen und Schülern (5. bis 7. Klasse) über vier Wochen durchführten.[9] Am Ende eines regulären Diktats stand dann eine vier Minuten dauernde Entspannungsübung. Danach lasen die Schülerinnen und Schüler ihren Text und hatten Gelegenheit zur Fehlerkorrektur mit einem andersfarbigen Stift. Gegenüber einer Kontrollgruppe von 199 Schülerinnen und Schülern, die keine

Einführung in das Entspannungstraining erhalten hatten, zeigten sich in der Versuchsgruppe folgende (statistisch bedeutsamen) Vorteile:

- *weniger Fehler, bessere Noten,*
- *mehr richtige Selbstkorrekturen,*
- *weniger falsche Selbstkorrekturen.*

Dass das Autogene Training nicht nur bei Schülern, sondern auch bei Lehrern von Wert sein kann, belegt beispielsweise eine Untersuchung an 250 Lehramtskandidaten und 200 Lehrern, denen die Teilnahme an Kursen für Entspannungstraining angeboten wurde. Die Hälfte von ihnen sagte zu, wobei 70 % der Kursteilnehmer von einem »Übungserfolg« ausgehen.[11] Das größte Interesse an diesem Angebot hatten Grund- und Sonderschullehrer, während die Teilnahmequote bei den Gymnasiallehrern am geringsten war. Bei den Kursteilnehmern konnte ein Abbau von allgemeiner Angst und Prüfungsangst sowie von psychosomatischen Beschwerden beobachtet werden. Es ist anzunehmen, dass auch die Schulkinder vom Entspannungstraining ihrer Lehrer profitieren, da gelassene Lehrer den Unterricht sicher kindgerechter und günstiger gestalten als überforderte und gestresste Pädagogen.

Die Progressive Relaxation führte im Unterschied zu den USA in Deutschland über viele Jahre gegenüber dem Autogenen Training ein Schattendasein. Erst seit einigen Jahren wird auch bei uns der Wert dieses pragmatischen Verfahrens entdeckt. Während für den Erwachsenenbereich auch in Deutschland von Jahr zu Jahr immer mehr Forschungsergebnisse vorgelegt werden, mangelt es hieran bisher noch für die Gruppe der Kinder und Jugendlichen sowie für den schulischen Bereich. Es kann jedoch angenommen werden, dass auch die Progressive Relaxation mit Gewinn im schulischen Bereich einsetzbar ist. Hierfür sprechen die Ergebnisse internationaler – vor allem amerikanischer – Forschungsergebnisse.

Entwicklungs- und Verhaltensprobleme bei Kindern und Jugendlichen

Wie bereits betont wurde, ist chronischer Distress natürlich nicht der einzige verursachende Faktor für gesundheitliche Probleme und Befindensstörungen bei Kindern und Jugendlichen. Allerdings kommt ihm ein relativ starker Einfluss zu. Ähnlich ist es bei Entwicklungs- und Verhaltensstörungen. Auch hier sind eine Reihe von Einflussfaktoren wie Erbanlage, vorgeburtliche Traumata und Umwelteinflüsse wirksam. Eine wichtige Rolle spielt wiederum chronischer Distress als mitverursachender oder verschlimmernder Faktor.

Verhaltensstörungen bei Kindern und Jugendlichen können unterschieden werden in »nach innen« (internalisierende) oder »nach außen« (externalisierende) gerichtete Verhaltensstörungen. Angststörungen und depressive Verstimmung werden als »nach innen« gerichtete Störungen bezeichnet. Dagegen gelten Hyperaktivität und Aggression als »nach außen« gerichtete Verhaltensstörungen.

Es würde den Rahmen dieses Buches sprengen, auf alle Entwicklungs- und Verhaltensstörungen bei Kindern und Jugendlichen einzugehen. Daher werden im Folgenden beispielhaft besonders wichtige Bereiche dargestellt und die Bedeutung von Entspannungstraining für die Besserung dieser Störungen diskutiert.

Hyperkinetisches Syndrom

Diese Diagnose wird bei Kindern und Jugendlichen am häufigsten gestellt. Bereits im Kindergarten fallen etwa 12 % der Kinder mit dieser Störung auf. Das Kernsymptom des Hyperkinetischen Syndroms ist die Hyperaktivität. Die betroffenen Kinder sind unzureichend in der Lage, ihre übermäßige motorische Aktivität situationsangemessen zu kontrollieren: Sie können nicht sitzen bleiben, laufen und springen (zu) viel herum, reden, lärmen und zappeln übermäßig. Es ist nicht verwunderlich, dass es diesen Kindern meist auch schwer fällt, ihre

Aufmerksamkeit längere Zeit auf ein Spiel oder eine Aufgabe zu richten. Neben der Aufmerksamkeitsstörung fällt meist auch eine überhöhte Impulsivität auf. Impulsiven Kindern fällt es sehr schwer, einmal abzuwarten und Wünsche aufzuschieben. Sie können schwer zuhören, hinschauen und überlegen, bevor sie handeln.

Es ist offensichtlich, dass sich diese Kinder oft in einer chronischen Überforderungssituation befinden und dass zusätzlicher Distress (Hektik, Lärm, Reizüberflutung) dieses Störungsbild verschlimmert. Aus diesem Grund kann eine Verbesserung der Entspannungsfähigkeit bei diesen Kindern als eine Art Basistherapie angesehen werden. Zwar reicht sie insbesondere bei ausgeprägteren Störungsbildern in aller Regel allein noch nicht aus, um durchgreifende Verbesserungen zu erreichen. Aber Entspannungstraining unterstützt gezielte individuelle therapeutische Maßnahmen deutlich. Oft ist eine Verbesserung der Entspannungsfähigkeit überhaupt eine Voraussetzung dafür, dass mit den betroffenen Kindern therapeutisch gearbeitet werden kann. Durch Entspannungsübungen wird in diesen Fällen die Ruhe und Aufmerksamkeit aufgebaut, die notwendig sind, um das Kind therapeutisch beeinflussen zu können.

Ist Hyperaktivität immer eine Entwicklungsstörung?

Glücklicherweise stellt übermäßige Aktivität von Kindern nicht immer eine Entwicklungsstörung dar. Befragungen zeigen, dass entsprechend der Einschätzung der Eltern der Anteil von Vorschulkindern mit übermäßiger motorischer Unruhe bei 35 % liegt. Hierunter fallen viele Kinder, die sich trotz einer zeitweisen oder situationsbezogenen Hyperaktivität »normal« entwickeln. Gerade bei Kindern, die an der »Schwelle« zur hyperaktiven Störung stehen, ist eine möglichst frühzeitige Verbesserung der Entspannungsfähigkeit durch ein geeignetes Training zu empfehlen. So kann der allmählichen Entwicklung von Verhaltensstörungen vorgebeugt werden.

Aggressives Verhalten

Aggressives Verhalten ist grundsätzlich zur Lebensbewältigung notwendig. Kinder und Jugendliche müssen lernen, sich in angemessener Weise zu behaupten und sich unter Umständen auch gegen Widerstände durchzusetzen.

Von aggressivem Verhalten im Sinne einer nach außen gerichteten (externalisierenden) Verhaltensstörung wird erst dann gesprochen, wenn es im Vergleich mit den Gleichaltrigen in seiner Häufigkeit und Intensität deutlich abgehoben ist. Es handelt sich also um ein schwerwiegendes und auffälliges Störungsbild und nicht um hin und wieder auftretende Aggressionen.

Aggressives Verhalten kann sich auf recht unterschiedlichen Ebenen zeigen:

- offen (zum Beispiel Boxen, Treten),
- verdeckt-hinterhältig (zum Beispiel Beinstellen, Stuhlwegziehen),
- körperlich (zum Beispiel Schubsen, Schlagen),
- sprachlich (zum Beispiel Anschreien, zynische Bemerkungen, Verspotten),
- direkt (direkt gegen andere gerichtet),
- indirekt (Türenknallen, Sachen-umher-Werfen, Zerstören von Gegenständen).

Aggression wird nicht nur nach außen, sondern nicht selten nach innen (internalisierend) gewandt. Aggressives Verhalten kann dementsprechend auch gegen die eigene Person gerichtet sein.

● Auf der körperlichen Ebene zeigt es sich beispielsweise als Nägelbeißen, Haareausreißen und selbstverletzendes Verhalten wie Kratzen oder Kopfanschlagen.

● Auf der sprachlichen oder gedanklichen Ebene kann sich Aggression durch Selbstbeschimpfungen, Selbstironie, Entwertung und Verurteilung der eigenen Person äußern.

Egoistische und angstmotivierte Aggression: Hinsichtlich der Motivation für aggressives Verhalten lassen sich die egoistische Aggression und die angstmotivierte Aggression unterscheiden. Bei der egoistischen Aggression kommt es dem Kind oder Jugendlichen darauf an, für sich die größten Vorteile zu erreichen. Bedürfnisse sollen ohne Rücksicht auf andere mit Gewalt durchgesetzt und Macht soll ausgeübt werden. Dagegen geht es bei der angstmotivierten Aggression um Angstabbau. Beispielsweise werden unklare, zweideutige Situationen von manchen Kindern und Jugendlichen als beängstigend erlebt, wobei aggressives Verhalten die Angst reduzieren kann. Dieser Effekt tritt anfangs zufällig auf. Das angstmotiviert aggressive Kind lernt mit der Zeit, Gefühle von Unsicherheit und Angst durch aggressives Verhalten abzubauen. Dieses Verhalten wirkt deshalb angstlindernd, weil die mit Aggression verbundenen Emotionen dominanter als Angst und Unsicherheitsgefühle sind. Ein aggressives Kind spürt seine Angst und Unsicherheit nicht mehr so deutlich, was es in der Regel als entlastend erlebt. Die weitere Entwicklung lässt meist einen »Teufelskreis« entstehen: Ein aggressives Kind erfährt wegen seines Verhaltens mit der Zeit durch seine Umwelt Aggressionen oder gerät in Isolation. Aus der Sicht des Kindes entstehen bei dieser Entwicklung immer mehr Situationen mit Bedrohungscharakter, gegen die es sich zur Wehr setzt. Das zunehmende aggressive Verhalten wird wiederum durch Eltern, Lehrer, Mitschüler usw. sanktioniert.

Stark durch Entspannung: Insbesondere bei angstmotivierter Aggression kommt dem Entspannungstraining eine wichtige therapeutische Funktion zu. Zum einen lässt sich durch Entspannungstraining ein innerer Unruhezustand, der durch Angst und Unsicherheitsgefühle zustande kommt, abbauen. Bei größerer Gelassenheit haben es Kinder und Jugendliche nicht nötig, gleich zuzuschlagen, sondern können mit mehr Ruhe nach angemesseneren Alternativen suchen. Zum anderen wirkt ein regelmäßig praktiziertes Entspannungstraining vorbeugend, da im entspannten Zustand unklare und zweideutige Situationen nicht so schnell als bedrohlich interpretiert werden. Im Gegensatz zu einem aufgeregten und gereizten Kind kommt ein entspanntes Kind »nicht so leicht aus der Federung« und fühlt sich nicht bei geringsten Anlässen gleich »angemacht«. Mit dem Entspannungstraining steht dem Kind eine Möglichkeit zur Verfügung, sein psychisches Befinden auf sozial angemessene Weise zu beeinflussen. Hierdurch entsteht ein Gefühl von Selbstwirksamkeit, das zu einem Abbau von Hilflosigkeitsgefühlen beiträgt.

Was tun bei stark ausgeprägter Aggression?

Wenn sich aggressives Verhalten schon stark ausgeprägt (chronifiziert) hat, lässt sich allein mit dem Entspannungstraining keine durchgreifende Besserung erzielen. In diesen Fällen ist meist eine gezielte Behandlung durch Kinder- und Jugendlichen-Psychotherapeuten notwendig. Auch bei deren therapeutischer Arbeit stellt Entspannungstraining jedoch einen wichtigen Baustein dar, der den Therapiefortschritt deutlich unterstützt.

Angststörungen

Angst hat eine Schutzfunktion und dient unter Umständen dem Überleben. Insofern ist das Empfinden von Angst grundsätzlich notwendig und ein Mangel an Angst oft sogar lebensgefährlich.

Ängste und Unsicherheitsgefühle sind bei Kindern und Jugendlichen sehr verbreitet; man kann sogar sagen, dass sie zu einer gesunden Entwicklung gehören. Jeder neue Reifungsschritt – sei es der Eintritt in den Kindergarten, der Schuleintritt oder die zunehmende Lösung von den Eltern – stellen Herausforderungen dar, die sich selten ohne ein gewisses Maß an Angst und Unsicherheit bewältigen lassen.

Ist Angst jedoch übermäßig stark ausgeprägt, wird sie zu einem Hemmschuh der persönlichen Entwicklung. Es kommt dann zu vermeidendem Rückzugsverhalten, wodurch Kinder und Jugendliche Herausforderungen ausweichen, die ihrer Weiterentwicklung dienen. Wenn sich ein Kind beispielsweise aus Angst von anderen Kindern fernhält, kann es nicht ausreichend soziale Erfahrungen erwerben. Mit anderen spielen, teilen, helfen, kooperieren und sich angemessen durchsetzen und behaupten können, das sind Fähigkeiten, die nur im Kontakt mit anderen Kindern und Jugendlichen adäquat ausgebildet werden. Bei übermäßig ängstlichen Kindern kommt es dementsprechend leicht zu Entwicklungsverzögerungen und zu Defiziten im sozialen Verhalten.

Die relativ häufig vorkommenden Ängste und Unsicherheitsgefühle bei Kindern gelten als »heimliche« Verhaltensstörungen, da sie als nach innen gerichtetes Verhalten weniger auffallen als etwa nach außen gerichtetes aggressives Verhalten. Diese Kinder und Jugendlichen wirken meist als besonders »brav«, weshalb Eltern und Erzieher oft längere Zeit keine Notwendigkeit der Einflussnahme sehen.

> ### Bei Angststörungen werden folgende Arten unterschieden:
>
> - Trennungsangst,
> - Angst mit Kontaktvermeidung,
> - Überängstlichkeit.

Trennungsangst: Sie ist bei Kindern bis zu drei oder vier Jahren ein normales Übergangsphänomen. Wenn diese Angst mit der Zeit nicht nachlässt und auch noch bei älteren Kindern exzessive Reaktionen bei Trennungen von den Eltern auftreten, ist von einer Störung mit Trennungsangst auszugehen. Diese Kinder sind beispielsweise in unrealistischer Weise darüber besorgt, dass ein Unglück sie von ihren Eltern trennen könnte. Sie verweigern konsequent den Kindergarten- oder Schulbesuch und wollen nicht ohne Anwesenheit einer vertrauten Person (meist Mutter oder Vater) einschlafen. Nicht selten leiden sie unter Alpträumen, die Trennungen zum Thema haben. Stehen Trennungen beispielsweise wegen des Kindergarten- oder Schulbesuchs bevor, können neben anklammerndem Verhalten und Weinen auch körperliche Symptome auftreten.

Angst mit Kontaktvermeidung: Diese Form der Angst ist bis zum Alter von zwei bis drei Jahren ebenfalls ein normales Phänomen. Eine Entwicklungsstörung ist allerdings anzunehmen, wenn auch über das genannte Alter hinaus eine ausgeprägte Scheu vor unvertrauten Menschen besteht. Die Kinder meiden oder verweigern den Kontakt zu wenig vertrauten Gleichaltrigen und Erwachsenen. Vor allem der mangelnde Kontakt mit Gleichaltrigen behindert die Entwicklung angemessener sozialer und kommunikativer Fähigkeiten. Zu den unmittelbaren Bezugspersonen besteht meist ein inniges Verhältnis, das als befriedigend und ausreichend erlebt wird. Anders als Kinder, die an Angst mit Kontaktvermeidung leiden, haben Kinder mit Trennungsangst keine ausgeprägte Scheu vor unvertrauten Menschen. Deren Angst bezieht sich allein auf die Trennung von vertrauten Personen.

Störung mit Überängstlichkeit: Während es bei den beiden bisher behandelten Störungsbildern um relativ konkrete Ängste ging, bestehen bei dieser Angstart unklare, kaum fassbare Ängste. Die betroffenen Kinder und Jugendlichen leiden unter Ängsten, können diese aber nicht klar benennen und eingrenzen. Die Überängstlichkeit kann sich auf folgende Aspekte beziehen:[27]

- *Es besteht eine übertriebene und unrealistische Besorgtheit über die Zukunft.*
- *Eine übermäßige Angst kann sich darauf beziehen, dass eigene Handlungen falsch gewesen oder nicht gut »angekommen« sein könnten.*
- *Die Kinder und Jugendlichen klagen häufig über körperliche Beschwerden wie Kopf- und Bauchschmerzen, wobei charakteristischerweise vom Arzt kein Organbefund festgestellt wird.*
- *In den unterschiedlichsten Alltagssituationen kann entweder eine starke Unsicherheit und Ängstlichkeit auftreten oder ein überzogenes Bedürfnis nach Anerkennung und Bestätigung.*
- *Auffällig sind eine massive Anspannung und eine Unfähigkeit zu ausreichender Entspannung.*

Ausgeprägte Angst stellt einen starken Stressor dar, das heißt Angst löst oft massive körperliche und seelische Erregungszustände aus. Hieraus wird bereits deutlich, dass Entspannungstraining über den Abbau körperlicher und seelischer Unruhezustände auch Angstgefühle mildern kann. Da sich Ruhegefühle und Ängste gegenseitig ausschließen, kommt es mit zunehmender Entspannung auch zur Entängstigung, der Verringerung von Angst.

Die systematische Desensibilisierung nach Wolpe

Dieser Effekt wird beispielsweise in der verhaltenstherapeutischen Methode der »systematischen Desensibilisierung« nach Wolpe (1958) zum Angstabbau eingesetzt. Dabei werden die Angst auslösenden Situationen oder Reize hinsichtlich des Ausmaßes der Angst gewichtet. Es wird dann eine »Angsthierarchie« erstellt. Nachdem der Patient die Progressive Relaxation erlernt hat, wird ihm in möglichst tiefer Entspannung zunächst der am wenigsten beängstigende Reiz vorgegeben. Dies geschieht meist »in sensu«, das heißt der Patient stellt sich den Angst auslösenden Reiz lediglich vor. Später kann auch »in vivo«, das heißt in der realen Situation, geübt werden. Wenn der am wenigsten beängstigende Reiz nach einigen Übungen ohne Angst und Anspannung »ertragen« wird, geht man zum nächsten Reiz der Angsthierarchie weiter, bis schließlich der stärkste Angst auslösende Reiz erreicht ist. Auch hier wird so lange mit Hilfe der Progressiven Relaxation an der Desensibilisierung gearbeitet, bis die Angst abgebaut ist. Bei einer Angststörung mit Kontaktvermeidung könnte das Vorgehen beispielsweise so aussehen, dass zunächst eine Hierarchie von bekannten, wenig bekannten, flüchtig bekannten bis zu völlig unbekannten Personen erstellt wird. Während der Entspannung werden dann Situationen mit Kontakten zu diesen Personen vorgegeben, bis die Angst »in sensu« desensibilisiert, also abgebaut ist. Das Vorgehen wird dann in der Realität durchgeführt, um die Angst auch »im Leben« (in vivo) zu überwinden. Da sich die Progressive Relaxation als wirksames und pragmatisches Entspannungsverfahren vor allem in den USA bewährt hatte, wurde sie von dem amerikanischen Wissenschaftler und Verhaltenstherapeuten Wolpe bereits in den 50er-Jahren recht erfolgreich eingesetzt. Mit der Methode der systematischen Angstdesensibilisierung wurde in den USA auch die Progressive Relaxation sehr bekannt. Da die systematische Desensibilisierung relativ zeitaufwendig ist, werden heute in der Verhaltenstherapie meist Verfahren zur Angstbewältigung eingesetzt, die schneller wirksam sind. Besonders verbreitet ist heute die Methode des »Reizkonfrontationstrainings«. Hierbei geht man – kurz gesagt – gewissermaßen umgekehrt vor und konfrontiert den Patienten gleich mit dem stärksten Angst auslösenden Reiz, bis die Angst überwunden ist. Aber auch beim Reizkonfrontationstraining stellt die Verbesserung der Entspannungsfähigkeit durch die Progressive Relaxation eine »Basistherapie« dar.

Es wird deutlich, dass der Progressiven Relaxation bei der Bewältigung von Ängsten eine wichtige vorbeugende und therapeutische Funktion zukommt. Durch Entspannungstraining können innere Erregungzustände, die durch Angst und Unsicherheitsgefühle zustande kommen, abgebaut werden. Bei größerer Gelassenheit reagieren Kinder und Jugendliche nicht so leicht mit Angstgefühlen. Außerdem wirkt ein regelmäßig praktiziertes Entspannungstraining vorbeugend, da im entspannten Zustand unklare und zweideutige Situationen nicht so schnell als bedrohlich interpretiert werden. Mit dem Entspannungstraining hat das Kind eine Möglichkeit, sein psychisches Befinden zu beeinflussen und Angst und Unsicherheitsgefühle abzubauen. Das dadurch entstehende Gefühl von Selbstwirksamkeit mindert Gefühle von Hilflosigkeit und stärkt das Selbstvertrauen.

Haben sich Angststörungen bereits stark entwickelt und bestehen sie schon längere Zeit – was häufig der Fall ist –, lässt sich allein mit dem Entspannungstraining keine durchgreifende Besserung erzielen. In diesen Fällen ist ebenso wie bei den genannten Störungsbildern meist eine gezielte Behandlung durch Kinder- und Jugendlichen-Psychotherapeuten notwendig.

Entspannungstraining bei Kindern und Jugendlichen: Ziele, Möglichkeiten und Grenzen

Wie bereits dargestellt, spielen psychische Belastungen und Distress bei der Entstehung von körperlichen und psychischen Störungen sowie bei Schul- und Lernproblemen eine große Rolle. Es liegt nahe, dass in der Verbesserung der Entspannungsfähigkeit eine wichtige Möglichkeit liegt, um gesundheitsschädlicher Überforderung entgegenzuwirken, stressbedingten Beschwerden vorzubeugen und bereits eingetretene Störungen zu bessern. Chronische Anspannung kann durch regelmäßig praktiziertes Entspannungstraining abgebaut und Distress in Eustress umgewandelt werden. Darüber hinaus fördert Entspannungstraining das Wohlbefinden und eine gelassene Lebenshaltung. Da schulische Probleme häufig durch Leistungs- und Prüfungsangst sowie durch Überforderungsgefühle zustande kommen, trägt Entspannungstraining erfahrungsgemäß auch in diesem Bereich zu Verbesserungen bei. Entspannt lässt es sich leichter lernen, und Prüfungen werden ohne starke Aufregung besser bewältigt. Untersuchungen zeigen, dass Entspannungstraining zu einer »entspannten Aufmerksamkeit« (»relaxed alertness«) beiträgt, die für schulische Leistungen von großem Vorteil ist.

Schutzfaktor Entspannungstraining

Seitdem die geschilderten Wirkungen von psychologischen Entspannungsverfahren wissenschaftlich belegt sind, haben sie bei der Behandlung von Krankheiten sowie beim Abbau von schulischen Problemen an Bedeutung gewonnen. Dabei ist der Gedanke der Selbststeuerung, der Selbstverantwortung und der Selbsthilfe wesentlich. Entspannungstraining kann die Fähigkeit verbessern, Alltagsbelastungen in günstiger Weise zu bewältigen, kann die Gesundheit stärken und die Lebensqualität erhöhen. Dabei darf Entspannungstraining natürlich nicht als ein allumfassendes Patentmittel zur Lösung aller Lebensprobleme missverstanden werden. Aber das regelmäßige Praktizieren des Trainings ist im Sinne eines gesundheitlichen Schutzfaktors ein wichtiger eigener Beitrag, um die seelische und körperliche Gesundheit zu schützen und zu stärken.

Es wurden verschiedene psychologische Verfahren entwickelt, die zu erholsamer, vertiefter Ruhe führen. In Deutschland ist das Autogene Training nach Professor Schultz am bekanntesten. Ein Grund dafür ist sicherlich, dass Professor Schultz das Autogene Training in den 20er-Jahren hier in Deutschland entwickelt hat. Etwa zeitgleich hat Dr. Edmund Jacobson die »Progressive Relaxation« als Entspannungsmethode in den USA vorgestellt, die dort heute einen sehr hohen Bekanntheitsgrad hat. Allerdings wird das Entspannungstraining nach Jacobson – anders als das Autogene Training – heute kaum noch in der ursprünglichen Form praktiziert. Da es gemäß der Originalmethode recht kompliziert und zeitaufwendig war, sind viele Abwandlungen vorgeschlagen worden. Man versuchte dieser Art des Entspannungstrainings auch unterschiedliche Namen zu geben. Aber das von Jacobson gefundene Grundprinzip kehrt sich in allen Übungsabwandlungen wieder. In Deutschland werden statt des ursprünglichen Namens häufig die Begriffe »Tiefmuskelentspannungstraining (TME)« oder »Progressive Muskelentspannung (PME)« verwandt.

Neben dem Autogenen Training (AT) und der Progressiven Relaxation (PR) gibt es weitere Methoden, die eine vertiefte Entspannung zum Ziel haben: zum Beispiel Meditation, Funktionelle Entspannung, Konzentrative Bewegungstherapie und Yoga. Die meisten wissenschaftlichen Untersuchungsergebnisse liegen allerdings für Autogenes Training und Progressive Relaxation vor, so dass diese beiden Entspannungsmethoden in ihren Wirkungen als gut erforscht gelten können.

Was bewirkt Entspannungstraining?

Obwohl die verschiedenen Entspannungsmethoden auf recht unterschiedlichen Vorgehensweisen beruhen, führen sie zu ganz ähnlichen Ergebnissen. So liegen beispielsweise für Autogenes Training und Progressive Relaxation Vergleichsuntersuchungen vor, die bei beiden Methoden sowohl in körperlicher als auch in seelischer Hinsicht die gleichen Veränderungen fanden. Die körperlichen und seelischen Veränderungen, die im Zusammenhang mit einem Entspannungstraining auftreten, werden auch als Entspannungsreaktion bezeichnet.

Körperliche Veränderungen

Wie im Kapitel über Eustress und Distress ausgeführt wurde, führen Anspannung und Entspannung zu deutlichen Veränderungen von körperlichen Funktionen. Eine wichtige »vermittelnde« Rolle spielt dabei das vegetative Nervensystem. Zu der bei Entspannungsverfahren auftretenden Entspannungsreaktion gehören zum Beispiel die folgenden körperlichen Veränderungen:

Atmung: Verlangsamung und Gleichmäßigkeit der Atmung, Verminderung des Sauerstoffverbrauchs

Herz-Kreislauf-System: Absinken der Herzfrequenz, Absinken des Blutdruckes (vor allem bei erhöhtem Blutdruck)

Muskulatur: Entspannung der Skelettmuskulatur

Haut: Veränderungen der elektrischen Hautleitfähigkeit

Gehirn: Veränderungen der elektrischen Hirnaktivität (im EEG sind Veränderungen festzustellen, die auf eine geistige Ruhigstellung hindeuten)

Diese als Folge von Entspannungstraining auftretenden körperlichen Veränderungen sind in vielen Studien festgestellt worden. Ein Überblick über diese Untersuchungsergebnisse findet sich beispielsweise bei Vaitl.[31]

▶ Atmung

Bereits bei der Beobachtung eines sich tief entspannenden Menschen fällt eine veränderte Atmung auf: Die Atmung wird insgesamt flacher und gleichmäßiger. Dabei nimmt die »Brustatmung« ab und die »Bauchatmung« zu. Zwischen der Ein- und Ausatmung treten relativ lange Pausen auf. Entsprechende Untersuchungen bestätigen diese Beobachtungen. Sie zeigen, dass die Atemfrequenz und das Atemzugvolumen – also die Menge der eingeatmeten Luft – sowie der Sauerstoffverbrauch zurückgehen.

▶ Herz-Kreislauf-System

Hinsichtlich der Herz-Kreislauf-Funktionen treten Veränderungen bei Blutgefäßen, Herztätigkeit und Blutdruck auf.

Blutgefäße: Die nach außen führenden Blutgefäße (periphere Gefäße) weiten sich in der Regel bei vertiefter Entspannung. Dadurch kommt es zu einer verbesserten Durchblutung, vor allem in den Händen und Armen sowie in den Füßen und Beinen. Je nachdem wie stark die Durchblutungssteigerung ausfällt, spürt der Übende eine Erwärmung. Da die Hauttemperaturerhöhungen recht unterschiedlich ausgeprägt sein können, ist in manchen Fällen keine oder nur eine leichte Erwärmung zu merken, während von längerfristig Übenden meist deutliche Wärmegefühle berichtet werden. Temperaturmessungen an den Fingern zeigen, dass die Temperatur um einige Zehntel Grad oder um bis zu zehn Grad steigen kann.

> **Beispiel**
>
> Bei Einzelentspannungsübungen mit Patienten verwende ich meist ein Biofeedbackgerät zur Unterstützung der Übungen und zur Messung von Veränderungen körperlicher Funktionen. Bei einem Biofeedbackgerät handelt es sich um ein Gerät, das während der Übung beispielsweise die Hauttemperatur in den Fingern oder den Spannungsgrad der Muskulatur misst. Veränderungen werden meist über einen Ton zurückgemeldet,

der sich in der Tonhöhe verändert. Zu Beginn der Übung ist dieser Ton hoch und wird umso tiefer, je stärker sich die Hauttemperatur erhöht oder die Muskulatur sich entspannt. Außerdem werden die einzelnen Messwerte angezeigt und können aufgezeichnet werden. Im Zusammenhang mit eigenen Temperaturmessungen bei Patienten, die Einzelentspannungsübungen durchführten, ergab sich bei einem 13-jährigen Jungen eine Erhöhung der Hauttemperatur um 10,4 Grad Celsius. Die Ausgangstemperatur betrug zu Beginn des Trainings nur 24,2 Grad. Das ist eine relativ niedrige Temperatur; der Patient hatte dementsprechend recht kühle Hände. Im Verlauf der Übung stieg die Temperatur auf 34,6 Grad Celsius. Diese Temperatur wird im Allgemeinen als »angenehm warm« empfunden. Für den Patienten war es ein deutliches »Erfolgserlebnis«, da er vor allem bei Stressbelastungen (Angst, Unsicherheit, innere Unruhe) unter kalten Händen und Füßen litt. Eine Hauttemperaturerhöhung um mehr als 10 Grad ist allerdings sehr ungewöhnlich und konnte nur zustande kommen, weil die Ausgangstemperatur recht niedrig lag und der Patient ungewöhnlich gut auf die Übungen ansprach. Da die Temperatur in den Händen nur maximal bis zur Körperkerntemperatur (ca. 36–37 Grad) steigen kann, ist bei hoher Ausgangstemperatur eine entsprechend geringere Steigerungsmöglichkeit gegeben. An diesem ungewöhnlichen Beispiel soll gezeigt werden, wie stark Körperfunktionen durch Anspannungs- und Entspannungsprozesse beeinflusst werden können. Entsprechend meinen Messungen treten bei Entspannungsübungen in der Regel Hauttemperaturerhöhungen in den Händen von 0,5 bis ca. 5 Grad auf.

Herztätigkeit: Die Anzahl der Herzschläge pro Minute ist ein wichtiger Indikator für Aktivierungsprozesse. Wenn wir uns stark aufregen, schlägt unser Herz deutlich schneller als in einer Ruhesituation. Eine Abnahme der Pulsfrequenz bei Entspannungsübungen ist festzustellen. Allerdings verlangsamt sich der Herzschlag nicht übermäßig stark. Im Durchschnitt kommt es zu einer Pulsfrequenzminderung um ca. fünf bis acht

Herzschläge pro Minute. Der langsamere Puls hängt damit zusammen, dass der Organismus in einer Ruhesituation weniger gefordert ist und das Herz dementsprechend seine Aktivität reduzieren kann. Es kommt auch zu einer Verringerung des Herzminutenvolumens, das heißt die vom Herzen pro Minute gepumpte Blutmenge nimmt ab. Es erfolgt also eine deutliche Entlastung des Herzens. Hier wird deutlich, wie tiefgreifend Entspannungs- und Regenerationseffekte durch entsprechende Übungen sind.

Blutdruck: Der Blutdruck steigt in Abhängigkeit von körperlichen und seelischen Belastungen. Wie bereits im Kapitel über die Wirkung von Stressbelastungen ausgeführt wurde, führt eine Aktivierung des Sympathikus in der Regel zu einer Blutdruckerhöhung. Die Sympathikusaktivierung kann beispielsweise durch Aufregungen, angespannte Arbeit, Freude oder Ärger hervorgerufen werden. Umgekehrt führt eine Dämpfung des Sympathikus durch Entspannung zu einer Erweiterung der Blutgefäße, wodurch der Gefäßwiderstand abnimmt. Da außerdem die pro Minute gepumpte Blutmenge (Herzminutenvolumen) abnimmt, sinkt der Blutdruck. Dieser Effekt ist insbesondere bei erhöhten Blutdruckwerten gegeben. Um allerdings einen anhaltenden positiven Effekt bei erhöhtem Blutdruck (Hypertonie) zu erreichen, ist längerfristiges Üben notwendig.

▶ Muskulatur

Die Anspannung unserer Muskulatur hängt stark vom Ausmaß der geistigen und seelischen Erregung ab. Je mehr wir uns aufregen, desto mehr (ver-)spannt sich auch – meist unbewusst – unsere Muskulatur. Bei Entspannungsübungen nimmt dagegen die Muskelspannung deutlich ab. Sie kann über die Messung der begleitenden elektrischen Aktivität der Muskulatur bestimmt werden. Eine derartige Messung der sehr geringen Ströme mit Hilfe eines leistungsfähigen Verstärkers wird als Elektromyogramm bezeichnet. Insbesondere bei der Progressiven Relaxation kommt es zu einer deutlichen Abnahme der Anspannung der Willkürmuskulatur.

▶ **Haut**

Auch die Haut wird über das vegetative Nervensystem beeinflusst. Beispielsweise kommt es bei Aufregungen zu einer verstärkten Schweißdrüsen-Aktivität. Diese Veränderungen müssen nicht unbedingt zu deutlichen Schweißabsonderungen führen und sind daher oft kaum spürbar. Die unterschiedliche Aktivität der Schweißdrüsen verändert die elektrische Hautleitfähigkeit. Bei zunehmender Entspannung kommt es mit einer Dämpfung des Sympathikus zu einer Abnahme der Schweißsekretion und damit zu einem Anstieg des elektrischen Hautwiderstandes. Da sich die Hautleitfähigkeit relativ einfach messen lässt, gab es hierfür bereits vor mehr als 60 Jahren entsprechende Geräte, die auch als »Lügendetektoren« bezeichnet wurden. Für Entspannungstraining liegen Untersuchungen vor, die eine deutliche Erhöhung des Hautwiderstandes im Übungsverlauf zeigen. Besonders deutlich fallen diese Veränderungen offenbar bei der Progressiven Relaxation aus.

▶ **Hirntätigkeit**

Mit Hilfe eines Elektroenzephalogramms (EEG) kann die elektrische Aktivität der Großhirnrinde gemessen werden. Allerdings erlauben derartige Messungen nur sehr grobe Aussagen darüber, was im Gehirn vor sich geht. Gedanken, Vorstellungen und Gefühle können hiermit natürlich nicht erfasst werden. Dennoch treten bei Entspannungsübungen charakteristische Veränderungen auf. Bei den Übungen entwickeln sich spezifische Hirnstrommuster, die als Alpha-Wellen bezeichnet werden. Die Alpha-Wellen treten in aller Regel als Zeichen entspannter Wachheit auf. Beim Einschlafen treten dagegen andere Hirnstrommuster auf, die als Theta-Wellen bezeichnet werden. Untersuchungen zeigen, dass Personen mit einer Übungsdauer von mehr als sechs Wochen meist in der Lage sind, im entspannten Wachzustand (Alpha-Wellen) zu bleiben.[30] Dagegen treten bei Kurzzeittrainierenden häufiger beim Üben Theta-Wellen auf, die den Übergang zum Schlaf signalisieren. Langzeitübende haben dementsprechend meist gelernt, körperlich und seelisch tief entspannt zu sein, ohne einzuschlafen. Dagegen passiert es Übungsanfängern häufiger einmal, während der Übungen unfreiwillig einzuschlafen.

Veränderungen in Psyche und Verhalten

Die durch ein Entspannungstraining hervorgerufenen Veränderungen im seelischen Erleben sind individuell sehr unterschiedlich. Allerdings berichten die meisten Übenden – zumindest nach einiger Erfahrung mit dem Training – übereinstimmend von einem als angenehm empfundenen vertieften Ruhezustand. Menschen, die längerfristig regelmäßig mit dem Entspannungstraining üben, entwickeln meist eine zunehmende Gelassenheit. Dies trägt dann dazu bei, Problem- und Stresssituationen besser bewältigen zu können, da man länger die Ruhe und die Übersicht behält.

Veränderungen durch Entspannungstraining können zum Beispiel im Gefühlsbereich (Emotionen), im Denken und in der Konzentrationsfähigkeit (kognitiver Bereich) sowie im Verhalten (behavioraler Bereich) auftreten.

▶ Veränderungen im Gefühlsbereich

Mit zunehmender Tiefe der Entspannung wird die Intensität vor allem von unangenehmen Gefühlszuständen meist gedämpft. Dieser Effekt führt dazu, dass Gefühle wie Ärger, Wut und Angst abgebaut werden. Dagegen treten verstärkt angenehme Empfindungen in den Vordergrund. Neben den oben geschilderten angenehmen Körperempfindungen wird meist eine wohltuende Gelassenheit und Ruhe empfunden.

▶ Veränderungen der Konzentrationsfähigkeit und des Denkens

Die Empfindlichkeit gegenüber (störenden) Außenreizen wie Straßenlärm, Unterhaltungen usw. nimmt mit der Entspannung in der Regel deutlich ab. Übende mit längerer Erfahrung sind häufig in der Lage, sich auf die eigene Person zu konzentrieren und störende Außengeräusche weitgehend auszublenden. Die Fähigkeit, sich mit zunehmender Übungszeit auf die eigene

Person konzentrieren zu können, führt meist zu einer generellen Verbesserung der Konzentration.

Nach den Übungen fühlen sich die meisten Übenden deutlich erfrischt und ausgeruht. Die eingetretene Erholung und die geistige Frische verbessern erfahrungsgemäß die Konzentrationsfähigkeit sowie Informationsverarbeitungs- und Gedächtnisprozesse. Aus diesem Grund kommt dem Entspannungstraining auch im schulischen Bereich eine große Bedeutung zu. Da sich die Konzentrations- und Aufnahmefähigkeit sowie das Gedächtnis verbessern, kann die schulische Leistungsfähigkeit – insbesondere bei Lernproblemen – gefördert werden.

▶ Veränderungen im Verhalten

Die zunehmende Ruhe und die Entspannung der Muskulatur führen dazu, dass das übende Kind sich in aller Regel immer weniger bewegt. Dementsprechend verringern sich motorische Unruhe und Hyperaktivität. Es ist oft verblüffend zu beobachten, dass selbst übermäßig bewegungsaktive Kinder während der Entspannungsübungen zumindest für einige Minuten völlig bewegungslos dasitzen oder daliegen.

Entspannungstraining und Schlaf

Häufig wird angenommen, dass das Entspannungstraining zum Schlaf führen soll. Wie bereits aus den Erläuterungen zu den hirnelektrischen Veränderungen beim Entspannungstraining hervorging, ist der Schlaf jedoch nicht das unmittelbare Ziel des Entspannungstrainings. Vielmehr geht es um einen *bewussten, vertieften Ruhezustand*. Diesem Zustand entsprechen im EEG die so genannten Alpha-Wellen. Der angestrebte Ruhezustand liegt gewissermaßen »zwischen« dem Wachbewusstsein und dem Schlaf. Die Übenden lernen mit der Zeit immer besser, in diesem »Schwebezustand« zwischen Wachen und Schlafen zu bleiben. Sie sind dann in der Lage, selbst in einem tiefen körperlichen und psychischen Ruhezustand nicht ungewollt einzuschlafen.

Dies ist oft für Übungsteilnehmer schwer verständlich, die unter Schlafstörungen leiden und sich nichts mehr ersehnen, als endlich einschlafen zu können. Hierzu ist zu sagen, dass zwar das direkte Ziel nicht der Schlaf ist, dass aber durch längerfristiges Üben Schlafstörungen gebessert werden können. Übungserfahrenen Personen ist es in aller Regel möglich, beispielsweise während einer Übung am Tag wach zu bleiben, während sie nachts die Übung in den Schlaf übergehen lassen können.

Was können Kinder und Jugendliche mit Progressiver Relaxation erreichen?

Die Progressive Relaxation ist ebenso wie das Autogene Training im Prinzip – wie wir noch sehen werden – ein recht einfaches Verfahren. Es muss auch einfach sein, denn sonst könnte man sich ja kaum damit entspannen. Dabei ist es erstaunlich wirksam. Neben den bereits erwähnten Vorteilen des Entspannungstrainings sollen hier noch einige weitere erwähnt werden. Hierdurch wird der Bereich abgesteckt, für den sich die Progressive Relaxation als günstig erwiesen hat. Dieser Bereich wird auch als Indikationsbereich bezeichnet.

Abbau von psychovegetativen Beschwerden

Sehr positive Ergebnisse sind vor allem bei Störungen zu erzielen, die durch psychische Belastungen und Distress zustande kommen oder verschlimmert werden. Wie bereits erwähnt, spielen hierbei meist Irritationen des vegetativen Nervensystems eine Rolle. Zu diesen Störungen zählen beispielsweise »nervöse« Magen-, Darm- und Kreislaufbeschwerden sowie Spannungskopfschmerzen, die bei Kindern und Jugendlichen sehr verbreitet sind. Spannungskopfschmerzen beruhen meist auf Verspannungen der Muskulatur im Nacken- und Schulterbereich. Muskelverspannungen können aber auch zu Schmerzen in anderen Körperbereichen, insbesondere an der Wirbelsäule, führen.

Entspannungstraining bewirkt in aller Regel eine zunehmende Gelassenheit, die Kindern und Jugendlichen einen verbesserten Umgang mit den Belastungen des häuslichen und schulischen Alltags und eine günstigere Stressbewältigung ermöglicht. Dies wirkt sich in aller Regel harmonisierend auf das vegetative Nervensystem aus und hilft, Fehlregulationen abzubauen. Auf diese Weise lassen sich durch längerfristiges Training die oben genannten psychovegetativen Störungen bessern.

Stärkung der Abwehr und Selbstheilungskräfte

Regelmäßiges Entspannungstraining wirkt sich günstig auf das Immunsystem aus und stimuliert die Selbstheilungskräfte des Körpers. Durch entsprechende Übungen können Kinder und Jugendliche die Abwehrkraft des Immunsystems stärken, so dass sie weniger anfällig gegen Infektionserkrankungen sind.

Die Erfahrung, dass sich durch Entspannungstraining die Heilungskräfte und Abwehrkräfte des Körpers steigern lassen, hat auch zu einem Einsatz von Entspannungstherapie in der Krebsbehandlung geführt. Hier liegen erste ermutigende Ergebnisse vor, obwohl es für eine abschließende Bewertung der Wirksamkeit noch zu früh ist.

Positive Wirkung auf das Herz-Kreislauf-System

So liegen beispielsweise Studien vor, die zeigen, dass sich durch Progressive Relaxation ein überhöhter Blutdruck abbauen lässt. Entspannungstraining hat auch eine deutliche positive Wirkung auf das Herz-Kreislauf-System.[22, 23]

Besserung von Schlafstörungen

Die zunehmende Gelassenheit wirkt sich günstig auf den Schlaf aus, so dass Ein- und Durchschlafstörungen allmählich abklingen können.

Wellness: Sport, Spiel, Wohlbefinden

Durch Entspannungstraining lässt sich das Wohlbefinden und der gesundheitliche Wert von sportlichen und spielerischen Aktivitäten deutlich steigern. Eine sportliche und gesundheitsbewusste Lebensführung, die dem allgemeinen Wohlbefinden dient, wird auch als »Wellness« bezeichnet. Sportliche Aktivitäten wie Laufen, Fahrradfahren, Schwimmen, Squash, Tennis, Badminton usw. lassen sich sehr gut mit Entspannungstraining kombinieren. Die Erholungsphasen nach dem Sport eignen sich hervorragend für Entspannungsübungen, wodurch die Regeneration entscheidend gefördert wird. Der gesundheitliche Wert von Sport wird durch Entspannungstraining erheblich gesteigert, so dass diese Kombination geradezu ideal ist.

Locker mehr leisten

Für Kinder und Jugendliche, die an sportlichen Wettkämpfen teilnehmen, ergibt sich nicht selten das Problem, dass sie übermotiviert sind oder unter Versagensängsten leiden. Hierdurch verlieren sie oft ihre Lockerheit und verkrampfen sich, so dass ihre Leistungsfähigkeit im Wettkampf leidet. In manchen Fällen wird scherzhaft von »Trainingsweltmeistern« gesprochen, wenn die Leistungen im Wettkampf deutlich niedriger als im Training sind. Bei den meisten Sportarten ist es wichtig, die Muskulatur sehr gezielt anspannen zu lernen. Sportliche Höchstleistung bedeutet, dass nur die für den jeweiligen Bewegungsablauf notwendige Muskulatur angespannt wird, während die übrige Muskulatur möglichst gut entspannt sein soll. Versagensängste und verbissenes Gewinnenwollen führen daher leicht zu Verkrampfungen, die eine gute Leistung blockieren. Aber nicht nur die Leistungsfähigkeit kann durch Verkrampfungen beeinträchtigt werden. Mit mangelnder Lockerheit und Geschmeidigkeit steigt auch das Verletzungsrisiko.

Aus diesen Gründen hat Entspannungstraining im Sport einen hohen Stellenwert und fördert nicht nur die Leistung, sondern auch Spaß und Gesundheit.

Zusammenfassung

● Progressive Relaxation kann zur Vorbeugung von *Entwicklungs- und Verhaltensstörungen* bei Kindern und Jugendlichen beitragen.
Bei bereits bestehenden Störungen wie zum Beispiel hyperkinetisches Syndrom, aggressives Verhalten und Angststörungen ist meist ein umfassenderes Therapiekonzept notwendig. In dessen Rahmen wird die Progressive Relaxation oft mit Erfolg als ein »Baustein« eingesetzt. Nicht selten stellt die Verbesserung der Entspannungsfähigkeit eine Voraussetzung dafür dar, dass mit Kindern und Jugendlichen überhaupt therapeutisch gearbeitet werden kann.
● Die *schulische Leistungsfähigkeit* kann durch regelmäßiges Entspannungstraining verbessert werden. Hierbei spielen eine Verbesserung der Konzentrationsfähigkeit und des Gedächtnisses sowie der Abbau von »Lernblockaden« ein Rolle.
● *Psychovegetative Beschwerden* wie beispielsweise Spannungskopfschmerzen sowie »nervöse« Magen-, Darm- und Herz-Kreislauf-Beschwerden können gebessert oder ihrer Entstehung kann vorgebeugt werden.
● Progressive Relaxation verbessert die *Regenerationsfähigkeit* und stärkt das *Immunsystem*. Auf diese Weise kann die Abwehrkraft gegen Erkrankungen erhöht und Heilungsprozesse können gefördert werden.
● Die Verbesserung der Entspannungsfähigkeit durch Progressive Relaxation kann *Einschlaf- und Durchschlafprobleme* abbauen.
● Der gesundheitliche Wert von *sportlichen Aktivitäten* wird durch Entspannungstraining deutlich erhöht.
● Die *sportliche Leistungsfähigkeit* kann durch Entspannungstraining gefördert und *Verletzungsrisiken* können reduziert werden.

Allerdings wäre es falsch anzunehmen, dass all die aufgezählten Verbesserungen sofort oder nach relativ kurzer Zeit erzielbar sind. In aller Regel bedarf es zunächst einmal einer gewissen Zeit, um mit dem Entspannungstraining vertraut zu werden. Im Vergleich mit anderen Entspannungsmethoden ist der Zeitaufwand bei der Progressiven Relaxation aber dennoch gering. Wie schnell Kinder oder Jugendliche mit der Methode vertraut werden, hängt ganz von deren individuellen Gegebenheiten ab. Der Prozess kann jedoch einige Wochen dauern. Bereits längerfristig bestehende Störungen werden in aller Regel nicht plötzlich verschwinden, vielmehr ist eine langsame Besserung wahrscheinlich. Entscheidend ist daher nicht die einzelne Übung, sondern das langfristige, tägliche Üben.

Diese Sichtweise muss Kindern und Jugendlichen meist mehrfach vermittelt werden. Oft erwarten sie zu viel von der einzelnen Übung und sind von dem Ausbleiben des schnellen Erfolges enttäuscht. Resigniert wird dann häufig das Üben aufgegeben, ohne daran zu denken, dass nur ein langfristiges Training den Erfolg und die Besserung bringt.

Kontraindikationen: Wann sollte vom Erlernen der Progressiven Relaxation bei Kindern und Jugendlichen abgesehen werden?

Aus den bisherigen Ausführungen wurde der breite Anwendungs- und Indikationsbereich der Progressiven Relaxation bei Kindern und Jugendlichen deutlich. Bei bestimmten schwer wiegenden Erkrankungen sollte allerdings vom Erlernen der Progressiven Relaxation abgesehen werden, das heißt es bestehen in diesen Fällen Kontraindikationen.

Psychiatrische Erkrankungen

Kontraindikationen bestehen bei akuten Psychosen, bei gravierenden endogenen, gehemmten Depressionen und bei schwer wiegenden Zwangssyndromen.

Spezifische Formen von Asthma

Von Petermann (1996) wird als Kontraindikation für Entspannungstraining das so genannte »Small-Airway-Asthma« angegeben.[27] Hierbei geht es um Asthma bronchiale, wobei vor allem die Bronchiolen, also die kleinen Verästelungen im Bronchial-system, betroffen sind. Diese können sich bei zunehmender Entspannung möglicherweise verengen, wodurch die Atmung zusätzlich beeinträchtigt werden könnte. Bei Kindern mit Asthma sollte am besten vor Übungsbeginn der Rat des/der behandelnden Arztes/Ärztin eingeholt werden.

Schwere akute Magen- und Darmerkrankungen

Bei Magen- und Darmgeschwüren sowie Colitis sollte im akuten Stadium ebenfalls der behandelnde Arzt um Rat gebeten werden. Eine verbesserte Entspannungsfähigkeit führt meist zu vermehrter Durchblutung des Magen- und Darmtraktes sowie zu einer verstärkten Peristaltik. Diese Veränderungen sind im Normalfall günstig zu beurteilen. Bei schweren Erkrankungen können sich jedoch besondere Bedingungen ergeben, die beachtet werden sollten. Meist kann nach Abklingen der schweren, akuten Symptomatik das Training aufgenommen werden.

Herz- und Kreislauferkrankungen

Bei angeborenen oder erworbenen schwer wiegenden Herzklappenfehlern oder anderen schweren Herz-Kreislauf-Erkrankungen sollte Rücksprache mit dem Arzt gehalten werden. In diesen Fällen könnte beispielsweise eine übermäßig starke Anspannung von Muskeln zu einer Überforderung des geschwächten Herz-Kreislauf-Systems führen. Oft lässt sich das Problem einer drohenden Selbstüberforderung dadurch lösen, dass eine individuell angemessene Anspannungsintensität eingeübt und »Pressatmung« unterlassen wird.

Anfallserkrankungen (Epilepsie)

Bei Kindern und Jugendlichen mit Anfallserkrankungen ist nach Ansicht mancher Experten Vorsicht beim Training geboten.[27] Wie oben ausgeführt, wirkt sich das Entspannungstraining auf die Tätigkeit des Gehirns aus. Bei bestimmten Formen von Anfallserkrankungen treten die Anfälle gehäuft nach dem Schlafen in der Phase des Aufwachens auf. Da das Training auch einmal ungewollt in den Schlaf übergehen kann, ist unter Umständen das Anfallsrisiko nach dem Erwachen erhöht. Allerdings gilt dies natürlich auch für Schlafphasen, die ohne Entspannungstraining zustande kommen.

Andere Experten sehen diese Gefahren nicht und betonen, dass die Progressive Relaxation als Begleittherapie bei epilepsie-kranken Kindern und Jugendlichen großen Wert habe.[30] Dementsprechend belegen amerikanische Studien die Wirksamkeit der Progressiven Relaxation bei Epilepsie in beeindruckender Weise. Im Vergleich zu einer Kontrollgruppe konnte durch Progressive Relaxation als Begleittherapie die Anfallshäufigkeit im Vergleich zu einer Kontrollgruppe um 29 % gesenkt werden.[29]

> Vor einer Anwendung der Progressiven Relaxation bei Kindern mit Anfallserkrankungen sollte das Gespräch mit dem behandelnden Nervenarzt Aufschluss über die Verträglichkeit geben.

Wozu Entspannungstraining?
Kurz gefasste Erläuterungen für Kinder und Jugendliche

Mit Hilfe des folgenden, kurz gefassten Textes kann Kindern und Jugendlichen der Einfluss von Stress auf das Wohlbefinden, die Gesundheit und die Leistungsfähigkeit deutlich gemacht werden. Außerdem wird die Wirkung von Entspannung erläutert:

Hallo, Kids und Teens!

Ihr habt doch sicher schon die Erfahrung gemacht, dass Stress, Hektik, Angst und Unruhe echt uncool sind. Dann fühlen wir uns meist voll daneben. Aber das ist nicht das Schlimmste: Bei starker Aufregung klappt alles viel schlechter, und wir können von zu viel Stress sogar krank werden. Wer kennt das nicht: Bei der Klassenarbeit kommt man vor Aufregung nicht auf das, was man vorher noch genau wusste. Oder bei zu viel Anspannung fällt einem der echt coole Spruch nicht gleich ein, der in der Situation so gut passen würde. Andere, die irgendwie lockerer drauf sind, kommen mit den Klassenarbeiten vielleicht besser klar, obwohl sie auch nicht mehr gelernt haben. Oder sie bringen schlagfertig den Spruch, der gerade gut passt. Tatsächlich ist es so: Je entspannter wir bleiben, desto leichter geht vieles im Leben, und wir fühlen uns auf Dauer einfach besser. Aber wie können wir es schaffen, möglichst locker und cool drauf zu sein? Ich habe hier eine Methode für euch, die weltweit schon Millionen Menschen geholfen hat. Sogar Leute aus dem Showbuiz, Politiker und Sportler nutzen diese Methode, um locker mehr zu leisten und auch bei Stress gesund zu bleiben. Diese Methode heißt »Progressive Entspannung« oder wird auch »Progressive Relaxation« genannt. Mit dieser Methode könnt ihr echt easy lernen, voll zu relaxen.

Das Entspannungstraining für Kinder und Jugendliche nach Edmund Jacobson

Der Arzt und Wissenschaftler Dr. Edmund Jacobson erforschte zu Beginn unseres Jahrhunderts intensiv die Funktionsweise der Muskulatur. Dabei fiel ihm auf, dass Anspannungen der Muskulatur häufig im Zusammenhang mit innerer Unruhe, Stress und Angst auftreten. Ein Mensch, der innerlich angespannt oder ängstlich ist, ist meist auch muskulär angespannt. In einigen Redensarten werden diese Zusammenhänge zwischen seelischer und muskulärer Spannung beschrieben. Beispielsweise kann es sein, dass jemandem, der unter schmerzhaften Verspannungen im Nacken- und Schulterbereich klagt, im sprichwörtlichen Sinne die Angst im Nacken sitzt. Oder ein Mensch, der »ständig auf dem Sprung« ist, ist häufig auch muskulär verspannt. Die Redensart, dass »jemandem seine Sorgen ins Gesicht geschrieben sind«, bedeutet, dass sich innere Unruhe in Form verspannter Gesichtsmuskulatur äußert.

Zur Messung der Muskelspannung wurden leistungsfähige elektronische Geräte – so genannte Elektromyographen – konstruiert, die die feinen, bei Muskelspannungen auftretenden Ströme messen. In vielen Experimenten konnte gezeigt werden, dass Menschen, die sich experimentell in Stress- oder Belastungssituationen befanden, in aller Regel stärkere Muskelspannungen aufwiesen als in Ruhesituationen. Derartige Anspannungen der Muskulatur treten insbesondere bei starker psychischer Erregung, vor allem bei Angst auf.

Muskelanspannung und -entspannung

In einer Gruppe für Entspannungstraining lassen sich die zuvor geschilderten Zusammenhänge durch die so genannte Armhebeprobe demonstrieren. Hierbei hebt der Gruppenleiter den Arm des Gruppenteilnehmers am Handgelenk leicht an und lässt dann los. Häufig ist es so, dass der Arm beim Heben ganz leicht erscheint und nach dem Loslassen einen Moment stehen bleibt, um dann »gebremst« zurückzusinken. Auf Nachfrage erhält man dann meist die Antwort, dass derjenige sich angespannt oder zumindest sehr wach und aufmerksam fühlt. Der Arm wird dabei deshalb als so leicht empfunden, weil er unbewusst »entgegenkommt«. Da die Muskulatur angespannt ist, sinkt der Arm dann »gebremst« zurück. Anders ist es bei jemandem, dessen Arm sich bei der Hebeprobe schwer anfühlt und der – für alle deutlich sichtbar – nach dem Loslassen sofort schwer und »ungebremst« zurückfällt. Der Betreffende wird wahrscheinlich berichten, dass er sich sehr ruhig und gelassen, vielleicht sogar etwas müde fühlt.

Die Armhebeprobe bei Kindern und Jugendlichen

Die aus der Arbeit mit Erwachsenen und Jugendlichen stammende »Armhebeprobe« kann bei Kindern in Form eines Spiels eingesetzt werden. Im Sinne einer Übungsvorbereitung können sie hierdurch für muskuläre Anspannungs- und Entspannungsphänomene sensibilisiert werden.

Zunächst sollen die Kinder sich vorstellen, dass ihre Arme ganz leicht seien. So, als ob »Leichtgas« in ihnen wäre. Dann geht der Gruppenleiter von Kind zu Kind und prüft bei jedem Kind durch die Armhebeprobe die Leichtigkeit des Armes und meldet dies durch entsprechende Kommentare zurück.

Beispiel: *»Ich will nun einmal prüfen, wie leicht dein Arm ist. Oh tatsächlich, er ist wirklich sehr leicht. Ich brauche kaum Kraft, um ihn anzuheben. Nun lasse ich los ... und er gleitet leicht wie eine Feder wieder runter.«*

Dann sollen die Kinder sich vorstellen, dass ihre Arme ganz schwer, so schwer wie Mehl- oder Kartoffelsäcke sind. Anschließend geht der Gruppenleiter wiederum von Kind zu Kind, prüft bei jedem durch die Armhebeprobe die Schwere des Armes und meldet dies durch entsprechende Kommentare zurück.

> Beispiel: *»Ich will nun einmal prüfen, wie schwer dein Arm ist. Oh tatsächlich, er ist wirklich sehr schwer. Ich brauche ganz viel Kraft, um ihn anzuheben. Nun lasse ich los ... und er plumpst wie ein nasser Sack runter.«*

Psychische Anspannung führt zu höherer Muskelspannung. Es gilt auch der umgekehrte Fall, dass eine Lockerung der Muskulatur mit einem Ruhegefühl einhergeht. Wer schon einmal Massagen bekommen hat, dem ist sicher aufgefallen, dass nach der Massage nicht nur die Muskeln entspannter waren, sondern dass man sich insgesamt ruhiger fühlt. Wir haben es hier mit einem Zusammenhang zwischen Psyche und Körper zu tun, der in beiden Richtungen besteht: Die Psyche wirkt auf den Körper und umgekehrt können körperliche Veränderungen auch Veränderungen im psychischen Befinden hervorrufen.

Der Ansatzpunkt der Progressiven Relaxation beruht auf der Wechselbeziehung zwischen psychischer und muskulärer Spannung. Durch das Training soll in systematischer Weise eine Herabsetzung der Spannung der Willkürmuskulatur erreicht werden, wodurch wiederum eine psychische Entspannung hervorgerufen wird. Das vertiefte Ruhegefühl bewirkt seinerseits eine zunehmende Muskelentspannung, wodurch im günstigen Fall eine Art Kreisprozess zustande kommt: Je mehr ich meine Muskeln entspanne, desto ruhiger werde ich, und je ruhiger ich werde, desto mehr entspannen sich meine Muskeln usw. Es wird vielleicht schon verständlich, dass auf diese Weise sowohl eine körperliche als auch eine seelische Entspannung erreichbar ist.

Erst anspannen – dann entspannen

Bei seinen Forschungen machte Edmund Jacobson die Beobachtung, dass auf eine kurzzeitige Anspannung einer Muskelgruppe mit der Zeit eine vertiefte Entspannung folgt. Diesen Zusammenhang zwischen muskulärer Anspannung und darauf folgender vertiefter Entspannung nutzte er für das von ihm entwickelte Entspannungstraining. Das Grundprinzip des Trainings erscheint möglicherweise paradox: Wir erreichen Entspannung durch vorangehende Anspannung. Dabei ist allerdings zu betonen, dass die Entspannungsphase deutlich länger sein muss als die Anspannungsphase. Man kann sich das Geschehen an dem Beispiel eines Pendels verdeutlichen: Wenn man ein Pendel in eine Richtung zieht und loslässt, dann schwingt es zurück, und zwar über den Ausgangspunkt hinaus. Ähnlich folgt auf eine kurzzeitige Anspannung einer Muskelgruppe nach dem Loslassen eine vertiefte Entspannung, wenn man sich genügend Zeit lässt.

Der Entspannungsprozess kann dadurch unterstützt werden, dass man seine Aufmerksamkeit möglichst genau auf den Wechsel von Anspannung und Entspannung richtet. Zunächst geht es darum, genau darauf zu achten, wie man die Spannung empfindet. Dann sollte man sich nach dem Loslassen auf das angenehme Entspannungsgefühl konzentrieren. Im Geiste kann man Vergleiche anstellen: »Wie fühlt sich (beispielsweise) der Unterarm und die Hand nun im Unterschied zu eben an?« Durch diese Konzentration auf die individuell sehr unterschiedlichen Entspannungsgefühle lässt sich das Ruheerleben weiter vertiefen.

Progressive Relaxation: Das ursprüngliche Training nach Jacobson und wie es heute praktiziert wird

Edmund Jacobson bezeichnet das von ihm entwickelte Entspannungstraining als »progressive Relaxation«. Wörtlich übersetzt heißt das: voranschreitende Entspannung. Hiermit wird der systematische Aspekt der Methode gut beschrieben. Mit Hilfe der oben dargestellten Technik wird Muskelgruppe für Muskelgruppe entspannt und dadurch ein sich insgesamt vertiefender Ruhezustand erreicht. Das ursprüngliche Vorgehen ist jedoch sehr zeitaufwendig, da Jacobson ein sehr detailliertes Üben empfiehlt und auch recht kleine Muskelgruppen einbezieht. Neben dem hohen Zeitaufwand liegt ein anderes Problem darin, dass die Vielzahl der Übungen oft nicht behalten und das

Verfahren sehr unübersichtlich wird. Aus diesen Gründen wird das Training heute kaum noch in der ursprünglichen Weise praktiziert. Es gibt sehr viele Übungsabwandlungen, wobei das Grundprinzip jedoch gleich ist. Die verschiedenen Trainingsformen unterscheiden sich vor allem in der Anzahl der einbezogenen Muskelgruppen. Bei den ausführlicheren Trainingsprogrammen wird meist ein Vorgehen gewählt, das die folgenden 16 Muskelgruppen einbezieht:

1. *dominante Hand (zum Beispiel bei Rechtshändern rechte Hand) und Unterarm*
2. *dominanter Oberarm*
3. *nichtdominante Hand (zum Beispiel bei Rechtshändern linke Hand) und Unterarm*
4. *nichtdominanter Oberarm*
5. *Stirn*
6. *obere Wangenpartie und Nase*
7. *untere Wangenpartie und Kiefer*
8. *Nacken und Hals*
9. *Brust, Schultern und obere Rückenpartie*
10. *Bauchmuskulatur*
11. *dominanter Oberschenkel*
12. *dominanter Unterschenkel*
13. *dominanter Fuß*
14. *nichtdominanter Oberschenkel*
15. *nichtdominanter Unterschenkel*
16. *nichtdominanter Fuß*

Obwohl dies gegenüber der Originalform ein bereits gekürztes Verfahren ist, erscheint es für viele Anwendungsbereiche dennoch zu umfangreich, so dass auch Kurzformen der Progressiven Relaxation entwickelt wurden. Zwar ist das Training dann weniger gründlich und umfassend, aber es nimmt weniger Zeit in Anspruch. Außerdem ist der Übungsablauf von Kurzübungen recht unkompliziert und leichter zu merken. Bei Kindern unter 12 Jahren sind erfahrungsgemäß nur Kurzformen der Progressiven Relaxation möglich. Die Konzentrationsfähigkeit der Kinder wird durch die Langform in aller Regel überfordert. Sie haben meist auch schlicht keine Lust zu langwierigen Übungen.

Bei entsprechend motivierten Jugendlichen ab ca. 12 Jahren kann dagegen auch die Langform des Trainings mit Gewinn eingesetzt werden.

Für welches Alter eignet sich die Progressive Relaxation?

Ab einem Alter von etwa acht Jahren können Kinder erfahrungsgemäß die Progressive Relaxation erlernen. Allerdings empfiehlt es sich, wie bereits oben erwähnt, auf kindgerecht aufbereitete Kurzübungen zurückzugreifen (siehe Seite 71–76). Eine Untersuchung von Klein-Heßling & Lohaus (1999) zeigt folgendes: Besonders günstig ist es, das Training in die Rahmenhandlung einer »Entspannungsgeschichte« (siehe Seite 77–87) einzukleiden, um die Übungsmotivation zu erhöhen. Es kann keine feste Untergrenze angegeben werden, wann mit den Übungen begonnen werden kann. Zwar liegt sie etwa beim achten Lebensjahr, aber die individuelle geistige und gefühlsmäßige Entwicklung des Kindes spielt natürlich eine entscheidende Rolle. Manche »gut entwickelte« Sechs- oder Siebenjährige profitieren bereits von den Übungen, während einige Achtjährige vielleicht noch Probleme haben, das Vorgehen zu verstehen. Oder sie bringen noch nicht die nötige Geduld und Konzentrationsfähigkeit zum Üben mit. Besonders die vorgestellte Entspannungsgeschichte bietet die Möglichkeit, sich spielerisch an das Training heranzutasten. Hierbei kann abgeschätzt werden, ob die Übungen schon etwas für das Kind sind oder ob es noch überfordert ist.

Eine Obergrenze im Alter gibt es für die Übungen im Grunde nicht, da der Aufbau der Übungsprogramme dem Training für Erwachsene entspricht. Lediglich die Sprache ist der Sprechweise von Kindern und Jugendlichen angepasst worden. Auf jeden Fall können auch junge und jung gebliebene Erwachsene mit den hier vorgestellten Programmen üben. So steht dem gemeinsamen Üben von Eltern oder Erziehern mit den Kindern und Jugendlichen nichts im Weg.

Besonderheiten bei Jugendlichen

● Insbesondere bei männlichen Jugendlichen ergeben sich häufig *Motivationsprobleme,* wenn es um Entspannungstraining geht. Vielen fällt es schwer, den Wert dieses Verfahrens zu erkennen und für sich zu nutzen. Das hängt oft mit einem Selbstbild oder Persönlichkeitsideal zusammen, das sehr an Aktivität, Härte und (über-)betonter aggressiver Männlichkeit orientiert ist. Sie wollen kraftvoll, cool und überlegen wirken. Entspannung wird dann leicht mit Schwäche, Hilflosigkeit, Verlust der Kontrolle und Weichheit in Verbindung gebracht und abgelehnt. In diesen Fällen muss zunächst einmal der Versuch unternommen werden, diese Einstellungsmuster bewusst zu machen und zu hinterfragen. Die Jugendlichen sollten über die zu Beginn des Buches geschilderten Zusammenhänge zwischen schädlichem Stress und mangelndem Wohlbefinden sowie gesundheitlichen Problemen aufgeklärt werden. Hiervon ausgehend lässt sich der Wert von Entspannungstraining überzeugend herleiten. Für diese »Überzeugungsarbeit« können die »kurz gefassten Erläuterungen für Kinder und Jugendliche« (siehe Seite 48 und Seite 62) eine Orientierung bieten. In diesem Zusammenhang bietet der Sport oft einen guten Anknüpfungspunkt. Viele Jugendlichen haben bereits davon gehört, dass sich Spitzensportler vor den Wettkämpfen entspannen und sich »mental« vorbereiten. In fernöstlichen Kampfsportarten spielt Entspannung eine bedeutende Rolle, da hier der harmonische Wechsel zwischen Anspannung und Entspannung betont wird. Jugendlichen, die Erfahrung mit Judo, Karate und anderen Selbstverteidigungs- oder Kampfsportarten haben, sind diese Zusammenhänge aus der praktischen Erfahrung mit dem Sport vertraut. Häufig kommen sie selbst darauf: »In der Ruhe liegt die Kraft.«

● Manche Experten sehen als weiteres mögliches Problem bei Jugendlichen, dass das Entspannungstraining ein willkommenes »Flucht- und Vermeidungsritual« werden könnte, um Alltagsprobleme zu umgehen.[27] Eine derartige Gefahr liegt bekanntermaßen leider im Konsum legaler und illegaler Drogen. Die Gefahr, dass auch Entspannungstraining zur Realitätsflucht missbraucht werden könnte, ist nach meiner Erfahrung äußerst gering.

● Das regelmäßige Praktizieren von Entspannungstraining bedeutet, dass Jugendliche sich aktiv um ihr Wohlbefinden und ihre Gesundheit kümmern. Durch diese Erfahrungen wird nicht nur Energie aufgebaut, vielmehr kommt es auch zu einem Abbau von Hilflosigkeitsgefühlen und dem Gefühl verstärkter Selbstwirksamkeit. Dies stärkt das Selbstbewusstsein und führt meist dazu, dass Alltagsprobleme aktiver und gelassener angegangen werden. Kinder und Jugendliche sollten natürlich darüber informiert werden, dass es sich bei Entspannungstraining nicht um ein »Zaubermittel« zur Lösung aller Probleme handelt. Vielmehr ist es eine wirksame Hilfe zur Selbsthilfe.

● Bei Jugendlichen besteht – anders als bei Kindern – oft eine *besonders hohe Selbstaufmerksamkeit*. Das heißt sie neigen stark zur Selbstbeobachtung, wobei sie häufig überaus kritisch mit sich umgehen. Hieraus ergibt sich, dass sich leicht Schamgefühle entwickeln. Dieses Problem kann besonders in Gruppen dazu führen, dass sich Jugendliche beispielsweise den vermeintlich abschätzenden Blicken der anderen bei den Übungen in unangenehmer Weise ausgesetzt fühlen. In diesen Fällen wird die liegende Position oft als besonders unangenehm empfunden, während die Sitzhaltung eher toleriert wird. Diesen Bedürfnissen sollte Rechnung getragen werden.

Welche Übungssituationen sind für Kinder und Jugendliche günstig?

Räumliche Bedingungen: Ablenkungen ausschalten?

Es erleichtert Kindern und Jugendlichen den Einstieg, wenn zu Beginn in einem möglichst ruhigen Raum ohne Störungen geübt wird. Je jünger die Kinder sind, desto leichter lassen sie sich durch störende Geräusche, helles Licht usw. ablenken. In diesen Fällen sollte für möglichst viel Ruhe gesorgt und der Raum durch das Zuziehen von Gardinen leicht abgedunkelt werden. Allerdings sollte der Raum auch nicht zu dunkel sein, da dies auf Kinder beängstigend wirken kann.

Bei Jugendlichen ist die Reizabschirmung keine zwingende Notwendigkeit. Es ist in jedem Fall günstig, sich darauf einzustellen, auch in Alltagssituationen üben zu können, in denen nicht gerade tiefste Ruhe herrscht. Kinder ab etwa 11 Jahren und Jugendliche können – genauso wie Erwachsene – mit einiger Übung eine Einstellung entwickeln, die störenden Umweltgeräuschen eine immer geringere Bedeutung beimisst. Jeder kennt wahrscheinlich die Erfahrung, dass das, was man bewusst hört, stark davon abhängt, wie intensiv man hinhört. Ich kann von einem Buch oder einem Gespräch so fasziniert sein, dass ich wesentlich weniger von dem mitbekomme, was um mich herum vor sich geht, als wenn ich genau auf jedes Geräusch achten würde. Am besten ist es, mit dem Üben im wohlverstandenen Sinne »egoistischer« zu werden und dem eigenen Erleben der vertieften Ruhe eine möglichst hohe Bedeutung zuzumessen, so dass Geräusche immer gleichgültiger werden. Man kann diese Haltung dadurch unterstützen, dass man sich zu Beginn der Übung innerlich sagt: »Geräusche sind jetzt ganz gleichgültig.« Ich kann zwar nicht meine Ohren »verschließen«, aber ich kann meine Einstellung zu dem, was ich höre, ändern. Diese innere Haltung sollte in Einzel- oder Gruppengesprächen den Kindern und Jugendlichen nahe gebracht werden, damit sie die Übungen auch in nicht immer völlig ruhigen und abgeschirmten Alltagssituationen durchführen können.

Sport, Spiel und Entspannung

Körperliche Aktivität ist eine günstige Vorbereitung auf das Entspannungstraining. Insbesondere jüngere Kinder haben einen starken Bewegungsdrang, der vor Beginn der Entspannungsübungen befriedigt werden sollte. Die Kinder sind wesentlich aufnahmebereiter für die Übungen, wenn sie sich vorher beispielsweise in Bewegungsspielen »austoben« konnten. An eine körperlich aktive Phase schließt sich eine Ruhephase harmonisch an. Aber auch bei Jugendlichen ist vorausgehende körperliche Aktivität für das Erleben von Ruhe förderlich. Sportliche Aktivitäten wie Laufen, Fahrradfahren, Schwimmen usw. lassen sich sehr gut mit Entspannungstraining kombinieren. Viele Jugendliche treiben Sport in Sport- und Freizeitcentern, wo sie Squash, Tennis, Badminton spielen oder auch Kraft- oder Fitnesstraining betreiben. In den meisten Sport- und Freizeitcentern gibt es Ruheräume, in denen man nach dem Duschen und vielleicht auch Saunieren ausruhen und sich erholen kann. Eine derartige Erholungsphase nach dem Sport eignet sich hervorragend für Entspannungsübungen. Der gesundheitliche Wert von Sport wird durch Entspannungstraining erheblich gesteigert, so dass diese Kombination geradezu ideal ist. Besonders wohltuend ist die Verbindung mit Sauna, da die Durchblutung angeregt und eine körperliche sowie seelische Entspannung erreicht wird. Zu »richtigem« Saunieren gehören Ruhephasen zwischen den Saunagängen, die durch Entspannungsübungen deutlich intensiviert werden können.

Zur Rolle von Eltern, Pädagogen und Therapeuten

Besonders günstig ist es, wenn die Progressive Relaxation Kindern und Jugendlichen als Einzel- oder Gruppenanwendung von speziell geschulten Fachleuten nahe gebracht wird. Hierzu gehören Diplompsychologen, Ärzte, Pädagogen sowie Kinder- und Jugendlichen-Psychotherapeuten, die eine Ausbildung in Progressiver Relaxation absolviert haben.

Ein wichtiger Unterschied in der Anwendung der Progressiven Relaxation besteht darin, ob sie vorbeugend, zur Verbesserung des allgemeinen Wohlbefindens und der Leistungsfähigkeit eingesetzt wird oder ob man bestehende Krankheiten und Störungsbilder therapeutisch behandeln will. Ein Einsatz der Methode mit therapeutischer Zielsetzung kann sinnvollerweise nur entsprechend ausgebildeten Therapeuten vorbehalten bleiben. Zur Prävention und zur Befindens- und Leistungsverbesserung können aber auch Eltern, Pädagogen und Erzieher das Verfahren einsetzen. Selbstverständlich sollten sie mit der

Progressiven Relaxation gut vertraut sein und diese am besten auch für sich selbst praktizieren. Nur so können sie Kindern und Jugendlichen das Training vermitteln und als positive Vorbilder wirken.

In jedem Fall spielt die Art der Beziehung zwischen dem Kind oder Jugendlichen und dem Erwachsenen, der das Training anleitet, eine entscheidende Rolle. Nur in einem vertrauensvollen Verhältnis lassen sich Kinder und Jugendliche auf die Erfahrung von vertiefter Entspannung ein. Vor Übungsbeginn sollte sowohl bedacht als auch geklärt werden, in welcher Beziehung die anleitende Person zum Kind oder Jugendlichen steht. Häufig muss zunächst ein Vertrauensaufbau erfolgen. Wichtig ist auch die Art, wie die Progressive Relaxation erläutert wird. Die Ausführungen sollten gut verständlich sein und das Verfahren transparent machen. Auf diese Weise können Vorbehalte, Unsicherheiten und Ängste abgebaut werden.

Üben nach einem Streit?

Falls sich zwischen dem Kind oder Jugendlichen und dem Erwachsenen, der die Übungen anleiten will, unmittelbar zuvor eine Auseinandersetzung, ein Streit oder Konflikt ereignet hat, kann das Training in aller Regel nicht durchgeführt werden. Zunächst ist die Klärung der Konfliktsituation notwendig, wobei beide Seiten zufrieden gestellt sein müssen.

Lehrer, die ihren Schülerinnen und Schülern das Verfahren nahe bringen wollen, sollten immer im Auge behalten, wie sie selbst von den Schülern erlebt werden. Falls Schüler ihre Lehrerin oder ihren Lehrer beispielsweise als stark fordernde Autoritätsperson empfinden, werden sie mit dem Rollenwechsel beim Entspannungstraining möglicherweise nicht zurechtkommen. Das Resultat könnte Unsicherheit, Befremden und Misstrauen sein. Auf jeden Fall muss der Eindruck vermieden werden, dass die Übungen quasi disziplinarisch eingesetzt werden, um »die Klasse endlich einmal zur Ruhe zu bringen«.

Welche Übungshaltungen sind für Kinder und Jugendliche zu empfehlen?

Die Körperhaltung und Kleidung sollte möglichst bequem sein. Es empfiehlt sich, enge Gürtel oder Kleidungsstücke zu lockern. Zum Üben bieten sich Liege- oder Sitzpositionen an, in denen man locker bleiben kann.

Die Liegeposition

Als Liegeposition ist Kindern und Jugendlichen die Rückenlage zu empfehlen (siehe Abb. 3). Dabei kann der Kopf und Nacken eventuell durch ein Kissen unterstützt werden. Häufig wird es als angenehm erlebt, eine zusammengerollte Decke oder eine Rolle unter die Knie zu legen. Die Arme sollten locker neben dem Körper liegen.

Die Sitzhaltung

Das Üben in der Sitzhaltung ist deshalb von besonderer Bedeutung, weil Kinder und Jugendliche nur so in verschiedenen Alltagssituationen üben können. Ein Bett ist nicht immer in der Nähe, aber ein Stuhl, Sessel oder eine sonstige Sitzgelegenheit lässt sich fast immer finden.

▶ Die angelehnte Sitzposition

Für jeden geeignet ist die angelehnte Sitzposition. Dabei sitzt man auf einem Stuhl mit Lehne oder einem Sessel und lehnt sich gut an, so dass der Rücken festen Halt findet (siehe Abb. 4). Die Füße sollten in bequemem Abstand nebeneinander fest auf dem Boden stehen, wobei die Sitzhöhe am besten so ist, dass die Knie etwa einen rechten Winkel bilden. Die Arme können locker auf den Sessellehnen oder Oberschenkeln ruhen; sie sollten sich jedoch nicht berühren. Der Kopf kann leicht nach vorn sinken oder eventuell an eine Kopfstütze angelehnt sein. Am besten sollten die Kinder und Jugendlichen ermutigt werden, mit der Haltung ein wenig zu experimentieren, bis sie eine bequeme Stellung gefunden haben.

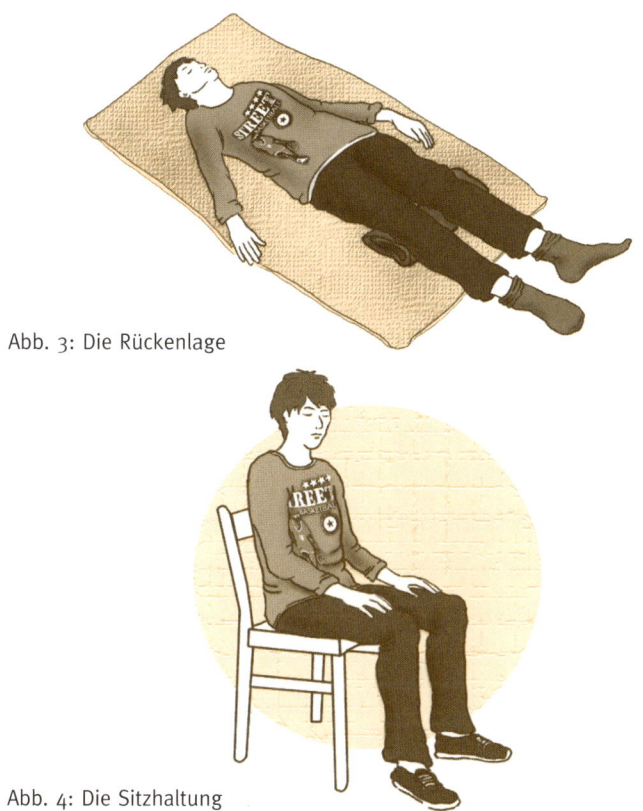

Abb. 3: Die Rückenlage

Abb. 4: Die Sitzhaltung

▶ Die Droschkenkutscherhaltung

Zum Üben reicht auch ein Hocker oder eine Sitzgelegenheit ohne Lehne. Hier empfiehlt sich die von Professor Schultz für das Autogene Training vorgeschlagene »Droschkenkutscher-haltung« (siehe Abb. 5). Diese Sitzhaltung kann mit Kindern ab etwa 12 Jahren eingeübt werden. Hierfür setzt man sich beispielsweise auf einen Hocker, so dass die Füße wieder in bequemem Abstand nebeneinander auf dem Boden stehen. Dann richtet man sich mit dem Einatmen auf und lässt sich mit dem Ausatmen zusammensinken, wobei der Oberkörper so ausgerichtet ist, dass man möglichst in Balance bleibt und keine oder nur wenig Kraft braucht, um sich auf dem Hocker zu halten. Man sollte sich sozusagen im Gleichgewicht »hängen« lassen. Diese Haltung eignet sich allerdings nicht für jeden. Insbesondere bei stärkeren Wirbelsäulenbeschwerden können Schmerzen auftreten, so dass diese Haltung dann ungeeignet ist und man auf die angelehnte Sitzhaltung zurückgreifen sollte.

Abb. 5: Die Droschkenkutscherhaltung

Was ist »Progressive Relaxation«?
Kurz gefasste Erläuterungen für Kinder und Jugendliche

Das hier vorgestellte Entspannungstraining heißt »Progressive Relaxation«. Da der Name etwas kompliziert auszusprechen ist, nennen wir es hier »Progressive Entspannung«. Der »Erfinder« der Progressiven Entspannung heißt Dr. Edmund Jacobson. Er beschäftigte sich zu Beginn des 20. Jahrhunderts intensiv mit der Funktionsweise der Muskulatur. Dabei fiel ihm auf, dass innere Unruhe, Stress und Angst zu Anspannungen in den Muskeln führen. Umgekehrt ruft eine lockere, entspannte Muskulatur ein Ruhegefühl hervor. Zwischen Körper und Seele besteht also eine Wechselwirkung: Die Seele beeinflusst den Körper und körperliche Veränderungen lösen auch Änderungen im seelischen Befinden aus. Wir können uns dadurch in eine lockere und coole Stimmung bringen, indem wir unsere Muskeln systematisch entspannen. Genau das wollen wir mit der Progressiven Entspannung erreichen.

▶ Wie die Progressive Entspannung funktioniert

Das Grundprinzip der Übungen besteht darin, dass wir unsere Muskeln kurz anspannen und dann für eine deutlich längere Zeit voll locker lassen. Wichtig ist dabei, dass wir gut auf alle Empfindungen achten. Durch den Gegensatz zwischen Anspannen und Loslassen wird uns die Entspannung der Muskeln besonders bewusst. Wir fühlen uns dann lockerer und gelöster, wodurch sich die Muskeln noch weiter entspannen können. Je mehr wir unsere Muskeln entspannen, desto ruhiger werden wir, und je ruhiger wir werden, desto mehr entspannen sich unsere Muskeln. Wir können also lernen, uns körperlich und seelisch tief zu entspannen und dadurch cool und gut drauf zu sein.

▶ In welcher Haltung übst du?

Du kommst leichter mit den Übungen zurecht, wenn du dir zu Beginn einen möglichst ruhigen Raum suchst, wo du nicht gestört wirst. Übe am besten täglich.

Deine Kleidung sollte bequem sein. Einen engen Gürtel lockerst du.

Du übst am besten im Sitzen oder Liegen, in einer Haltung, bei der du locker bleiben kannst.

Die meisten »Relaxer« ziehen die Rückenlage vor (siehe Abb. 3). Vielleicht ist es bequem, wenn du dir ein kleines Kissen unter den Kopf legst. Die Arme legst du locker neben den Körper.

Im *Sitzen* geht es am besten auf einem Stuhl oder einem Sessel. Lehne dich gut an, so dass dein Rücken festen Halt findet. Stelle die Füße in bequemem Abstand nebeneinander fest auf den Boden. Der Stuhl oder Sessel sollte zu deiner Größe passen, damit es bequem ist. Falls der Stuhl für dich zu hoch sein sollte, stelle deine Füße auf eine Fußbank oder etwas Ähnliches. Lege die Arme locker auf die Sessellehnen oder auf die Oberschenkel. Der Kopf kann leicht nach vorne sinken. Falls eine Kopfstütze am Sessel ist, kann der Kopf auch angelehnt sein. Probiere es einfach aus, welche Haltung für dich bequem ist (siehe Abb. 4).

Die Übungen der Progressiven Relaxation

Im Folgenden werden die Übungen der Progressiven Relaxation für Kinder und Jugendliche beschrieben. Die Anleitungstexte lehnen sich an das von mir für Erwachsene vorgeschlagene Vorgehen an.[26] Sie sind in einer Form abgefasst, die den Bedürfnissen und Vorstellungen von Kindern und Jugendlichen entsprechen. Neben den »reinen« Übungsprogrammen der Progressiven Relaxation gibt es eine Geschichte, in die das Entspannungstraining eingebettet ist. Diese Geschichte kann die Motivation der Kinder zum Üben erhöhen und sie spielerisch an das Training heranführen.

Zwar ist es möglich, das Training allein entsprechend diesen Anleitungen und den hier gegebenen Hinweisen durchzuführen. Empfehlenswerter ist jedoch die Teilnahme an einem von einem Fachmann (Diplompsychologe, Kinder- und Jugendlichenpsychotherapeut oder entsprechend ausgebildeter Arzt) geleiteten Einzel- oder Gruppentraining. Den Therapeuten können Fragen gestellt und mit ihnen können eventuell auftauchende Probleme besprochen werden. Ein weiterer Vorteil eines Gruppentrainings ist das Zusammensein mit anderen Kindern und Jugendlichen, aus deren Erfahrungen, Rückmeldungen und Anregungen jedes Kind viel lernen kann. Häufig wird die dem Training angemessene Einstellung erst in vielen Gesprächen und Gruppendiskussionen klar. Die »Technik« dieses Entspannungsverfahrens ist zwar einfach, die Haupt»arbeit« besteht jedoch darin, Kindern und Jugendlichen eine angemessene Einstellung zum Training zu vermitteln. Entspannungstraining in einer Gruppe macht den meisten Kindern und Jugendlichen meist deutlich mehr Spaß als Einzelanwendungen.

Kurse zur Progressiven Relaxation für Kinder und Jugendliche werden von vielen Kinder- und Jugendlichen-Psychotherapeuten und von Erziehungsberatungsstellen angeboten. Deren Anschriften findet man auch in den »Gelben Seiten« des örtlichen

Telefonbuchs oder beim Gesundheitsamt. Weitere Informationen sowie Anschriften von Psychotherapeuten gibt es bei der *Psychologischen Fachgruppe Entspannungsverfahren* (siehe Seite 129).

Der Übungsablauf

Das Schließen der Augen erleichtert die Übung, da man auf diese Weise einen großen Teil der Außenreize ausblendet und sich besser auf die inneren Vorgänge einstellen kann. Falls ein Kind oder Jugendlicher jedoch wegen der unvertrauten Übungen die Augen zunächst nicht schließen mag, sollte das akzeptiert werden. In diesem Fall ist es empfehlenswert, zunächst mit offenen Augen zu üben. In aller Regel ist es dann mit zunehmender Vertrautheit des Übungsablaufes schon bald ohne Schwierigkeiten möglich, die Augen ohne Zwang zufallen zu lassen. Für manche Kinder ist es auch eine Hilfe, wenn sie sich bewusst machen, dass sie die Übung natürlich jederzeit beenden können und damit immer die Kontrolle über das Geschehen behalten. Wie man die Übung am besten beendet, wird weiter unten beschrieben.

Die Übungen können – wie bereits oben dargestellt – entweder im Liegen oder in einer der beschriebenen Sitzhaltungen durchgeführt werden, wobei sich besonders am Anfang ein möglichst ruhiger Raum anbietet.

Durch die Konzentration auf die Entspannungsempfindungen und das Genießen der Übung lässt sich der Ruhezustand deutlich vertiefen. Auch aus diesem Grund ist es wichtig, dass die Entspannungsphase deutlich länger dauert als die Anspannungsphase: Der Schwerpunkt soll auf der Entspannung liegen. Die einzelnen Übungen können bei Bedarf ein- bis zweimal wiederholt werden.

▶ **Wie fühlt sich Entspannung an?**

Durch die auf die willkürliche Anspannung der Muskeln folgende Lockerung kommt es wegen des provozierten Kontrasterlebnisses meist zu recht deutlichen Entspannungsempfindungen.

Das Grundprinzip von Anspannung und Entspannung bei der Progressiven Relaxation

- Die Muskeln jeweils für etwa 5 bis 10 Sekunden anspannen.
- Die Anspannung soll deutlich spürbar sein, ohne in übermäßige Anstrengung oder gar Verkrampfung überzugehen.
- Möglichst normal weiteratmen.
- Nach etwa 5 bis 10 Sekunden die Spannung wieder vollständig lösen.
- Für etwa ein halbe Minute ausruhen.
- Dabei möglichst genau auf die Empfindungen in den jeweiligen Muskeln achten.
- Besonders die Veränderungen in den Empfindungen erspüren, die auf die vollständige Lösung der Muskeln folgen.

Diese sind allerdings individuell unterschiedlich, und es kann sein, dass manche der feinen Entspannungsempfindungen erst mit der Zeit genauer wahrgenommen werden. Viele Kinder und Jugendliche berichten von Wärmegefühlen, angenehmer körperlicher Schwere, Prickeln oder Pulsieren. Manchen fällt es aber auch schwer, das Entspannungserlebnis genauer in Worte zu fassen, es wird dann meist ein angenehmes Ruhegefühl beschrieben.

»Na, wie war's?« Äußerungen von Kindern über das Übungserlebnis

»Ich war ganz müde.«
»Ich habe mich ruhig und wohl gefühlt.«
»Meine Arme und Beine waren schön warm.«
»Irgendwie hat sich alles so schwer angefühlt.«
»Es war gut, wann üben wir das nächste Mal?«
»Alles war so schön leicht.«
»In den Fingern hat es so lustig gekribbelt.«
»Jetzt bin ich ganz ausgeruht.«

In dem am Ende der Übungen erreichten vertieften Ruhezustand können die Kinder und Jugendlichen je nach Belieben und der zur Verfügung stehenden Zeit länger oder kürzer bleiben. Insbesondere bei jüngeren Kindern sollten die Übungen jedoch nicht zu lange ausgedehnt werden, da diese dann leicht einschlafen. Sie könnten sich durch eine zu lange Ruhephase auch überfordert, gelangweilt oder geängstigt fühlen.

Auf Möglichkeiten, den erreichten Ruhezustand zu vertiefen, wird später noch eingegangen.

▶ Alles hat ein Ende – die Zurücknahme

Die Übung wird durch bewusste Aktivierung beendet:

1. *Arme mehrmals fest anbeugen, am besten auch recken, strecken, rekeln,*
2. *mehrmals tief durchatmen,*
3. *Augen auf (siehe Abb. 6).*

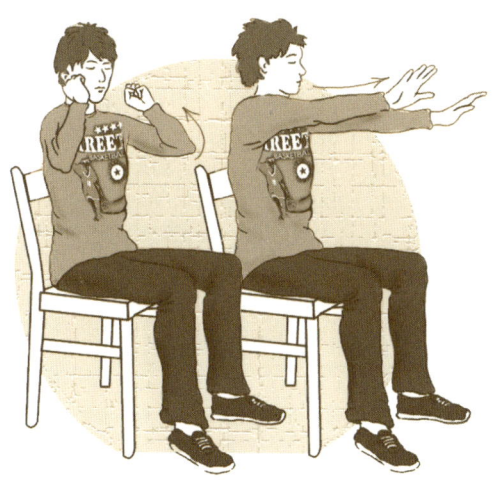

Abb. 6: Jugendlicher übt die Zurücknahme

Kinder haben nach Ruhephasen meist ein gesteigertes Bewegungsbedürfnis. Insofern ist es für sie kein Problem, sich an das Rücknahmeritual zu gewöhnen. Die in jedem Augenblick mögliche »Zurücknahme« führt zu einem Gefühl von Erfrischung und neuer Kraft, wenn die Bewegungen betont aktiv erfolgen. Falls ein Kind dennoch müde und »schlapp« sein sollte, kann man das Zurücknehmen wiederholen, am offenen Fenster tief durchatmen oder Bewegungsspiele machen. Das Zurücknehmen sollte allerdings unterbleiben, wenn das Kind oder der Jugendliche anschließend schlafen will. Dann lässt man den Entspannungszustand in den Schlaf übergehen.

Anspannung ja – Verkrampfung nein

Ich mache in Kursen für Erwachsene immer wieder die Erfahrung, dass ich mehrfach darauf hinweisen muss, die Anspannung der Muskeln bei den einzelnen Übungen nicht zu übertreiben. Dies gilt vor allem für Herzpatienten, denen der ärztliche Hinweis gegeben worden ist, sich in Hinblick auf körperliche Belastungen (noch) zurückzuhalten. Bei Kindern tritt dieses Problem zwar selten auf, aber bei Jugendlichen können Selbstüberforderungen vorkommen. Besonders Jungen in der Pubertät wollen oft sich selbst oder anderen ihre Kraft beweisen und spannen dann manchmal zu stark an. Das Resultat ist keine wohltuende Entspannung, sondern eher Überanstrengung und Verkrampfung. Deshalb bitte darauf achten: Nicht nach dem Motto »Viel hilft viel« üben! Die Spannung soll zwar deutlich spürbar sein, aber keinesfalls sollten starke Anstrengungen oder Schmerzen auftreten. Es geht nicht um Bodybuilding und Krafttraining. Im Zweifel weniger stark anspannen. Meistens lässt sich auch durch das gleichmäßige Weiteratmen während der Anspannungsphase eine spontane Überanstrengung vermeiden.

▶ Wie es geht – eine Vorübung

Bevor die Übungen beginnen, kann den Kindern und Jugendlichen durch eine Vorübung das Übungsprinzip klar gemacht werden:

»Mache bitte mit deiner rechten Hand eine Faust. Spanne die Muskeln deutlich spürbar an, ohne zu verkrampfen.
Achte auf das Spannungsgefühl in der Hand und im Unterarm.

Taste nun einmal die angespannte Hand und den Unterarm mit der anderen Hand ab und spüre, wie es sich anfühlt. Spürst du, wie fest sich die Muskeln des Unterarms anfühlen und wie hart die Faust ist?

Nun lasse die Spannung ganz los und lasse deinen Arm locker auf dem Oberschenkel ruhen. Lasse dir einen Moment Zeit, damit sich die Muskeln vollständig lockern können. Achte auf das unterschiedliche Gefühl in der Hand und im Unterarm. Mache dir auch kleine Veränderungen bewusst.

Taste nun die entspannte Hand und den Unterarm mit der anderen Hand ab. Spürst du, wie weich und locker sich die Muskeln des Unterarms und die Hand anfühlen?«

Übungsprogramme und Entspannungsgeschichten für Kinder und Jugendliche

Für Kinder unter 12 Jahren eignen sich erfahrungsgemäß nur Kurzformen der Progressiven Relaxation. Ihre Konzentrationsfähigkeit reicht in aller Regel noch nicht aus, um mit der Langform des Trainings zu üben.

Bei Jugendlichen ist es empfehlenswert, zunächst die Langform des Trainings einzuüben. Nach einiger Übungspraxis kann es sinnvoll sein, auf Kurzformen überzugehen, um den Zeitbedarf abzukürzen. Vielen Jugendlichen ist der Zeitaufwand von etwa einer halben Stunde zu groß, so dass sie Kurzübungen den Vorzug geben.

Aus den Übungen der Langform der Progressiven Relaxation lassen sich grundsätzlich beliebige Kurzübungsprogramme mit einzelnen Übungen zusammenstellen. Falls bestimmte Übungen bei Kindern und Jugendlichen zu besonders deutlichen Entspannungserlebnissen führen, können diese für ein individuelles Trainingsprogramm genutzt werden. Häufig sind bestimmte Muskelgruppen bei Stressbelastungen besonders stark angespannt. Diese können ebenfalls gezielt in die Übungen einbezogen werden.

● Im Folgenden soll zunächst ein Anleitungstext für eine *Kurzübung der Progressiven Relaxation in 7 Schritten* vorgestellt werden. Sie ist für Kinder und Jugendliche ab 8 Jahren geeignet und dauert etwa 10 Minuten.

● Als Einstieg in das Entspannungstraining haben sich besonders Übungsprogramme bewährt, die in eine Rahmenhandlung eingebunden sind. Diese *Entspannungsgeschichten* nutzen die Vorstellungskraft der Kinder und erhöhen ihre Motivation zum Üben. Das Vorlesen von Geschichten ist Kindern vertraut und sie entspannen sich meist deutlich dabei. In der Geschichte *Abenteuer in der Südsee* werden die Kinder im Laufe der Story zum Entspannungstraining (Kurzübung in 7 Schritten) geführt und zum Mitmachen eingeladen.

● Die *Kurzübung in 10 Schritten* ist für Kinder und Jugendliche ab 10 Jahren geeignet. Sie dauert etwa 15 Minuten und erfordert daher schon etwas mehr Geduld und »Durchhaltevermögen«. Sie stellt einen guten Kompromiss zwischen intensivem Üben und Zeitökonomie dar.

● Die *Langübung* besteht aus mehreren Einzelübungen und dauert insgesamt etwa 30 Minuten. Sie ist für Jugendliche ab 12 Jahren zu empfehlen, denen hiermit ein besonders intensives Entspannungsverfahren geboten wird.

Anleitung für eine Kurzübung der Progressiven Relaxation in 7 Schritten
(ab 8 Jahren)

Es werden folgende Muskelgruppen einbezogen:

Arm (rechts), Arm (links), Schultern, Gesicht, Rumpf, Gesäß und Oberschenkel, Unterschenkel und Füße.

Ein Vorteil dieses auf nur 7 Schritte gekürzten Übungsablaufes ist der geringe zeitliche Aufwand und die Übersichtlichkeit des Ablaufes. Er eignet sich daher für Kinder und Jugendliche ab 8 Jahren. Es werden recht große Muskelgruppen wie die Arme, der Rumpf und die Beine jeweils zusammengefasst. Daher ist das Übungsprogramm relativ »grob« und wenig differenziert.

Einen Überblick über die Übungen der Kurzform der Progressiven Relaxation in 7 Schritten gibt Tabelle 1.

● **Tab. 1: Tabellarische Zusammenstellung der Übungen der Kurzform der Progressiven Relaxation in 7 Schritten**

1. **Arm** (zum Beispiel rechts)
   möglichst alle Muskeln des (rechten) Armes anspannen

2. **Arm** (zum Beispiel links)
   möglichst alle Muskeln des (linken) Armes anspannen

3. **Schultern**
   Schultern hochziehen

4. **Gesicht**
   Gesichtsmuskeln anspannen, Grimasse

5. **Rumpf**
   Rücken- und Bauchmuskeln anspannen

6. **Gesäß und Oberschenkel**
   Gesäß und Oberschenkel anspannen

7. **Unterschenkel und Füße**
   Unterschenkel und Füße anspannen

Zur Einstimmung auf die Übungen

● Wir wollen uns mit Hilfe bestimmter Übungen gut entspannen und erholen lernen. Die jetzt folgenden Übungen dauern nur etwa 10 Minuten.

● Nimm bitte zunächst einmal eine möglichst bequeme Haltung im Sitzen oder im Liegen ein.

● Wenn du im Sitzen üben möchtest, lehne dich am besten gut an die Rückenlehne und lege die Arme locker auf die Oberschenkel oder Armlehnen. Stelle die Füße nebeneinander auf den Boden.

● Falls du liegen möchtest, ist die Rückenlage am besten. Vielleicht ist ein kleines Kissen unter dem Kopf angenehm. Die Arme liegen locker neben dem Körper und die Beine sind ausgestreckt.

● Deine Kleidung sollte einigermaßen bequem sein. Vielleicht möchtest du noch den Gürtel lockern oder einen Knopf aufmachen?

● Strecke, recke und rekele dich noch mal so richtig ...
Atme tief ein und lasse die Luft wieder ganz ausströmen. Atme nun ruhig weiter.

● Wenn du die Augen schließt, kannst du dich besser auf deinen Körper konzentrieren und wirst nicht so leicht abgelenkt. Du kannst die Augen jetzt oder später schließen. Achte darauf, wie du sitzt oder liegst ... Willst du es dir noch etwas bequemer machen? ... Kannst du die Muskeln noch etwas mehr loslassen? ... Entspanne dich so gut wie möglich.

● Gleich werde ich dich bitten, bestimmte Muskeln für etwa 5 bis 10 Sekunden gut anzuspannen. Dann sollst du die Spannung ganz loslassen und für etwa 30 Sekunden ganz entspannt bleiben. Spanne so stark an, dass du die Spannung deutlich spürst. Aber nur so doll, dass es nicht schmerzt oder verkrampft, sondern gut tut.

▶ Arme

1. Achte jetzt auf einen Arm. Es ist egal, ob du mit dem rechten oder linken anfängst. Wie fühlt sich der Arm an?

ANSPANNUNG (5 bis 10 Sekunden): Spanne möglichst alle Muskeln des Armes an, indem du eine Faust ballst, den Arm anwinkelst und Unterarm- und Oberarmmuskeln wie ein Bodybuilder anspannst ...

Entspannung (etwa 30 Sekunden): Jetzt voll loslassen. Lasse den Arm ganz bequem und ganz locker zurücksinken. Spüre jetzt das Gefühl im Oberarm ..., im Unterarm ..., in der Hand ..., in jedem Finger ... Lasse dir die Zeit, dass sich die Muskeln noch ein wenig mehr lösen können. Lasse ganz los ...

2. Achte nun auf den anderen Arm. Wie fühlt er sich in diesem Moment an ...?

ANSPANNUNG (etwa 5 bis 10 Sekunden): Spanne möglichst alle Muskeln des Armes an, indem du eine Faust ballst, den Arm anwinkelst und Unterarm- und Oberarmmuskeln wie ein Bodybuilder anspannst ...

Entspannung (etwa 30 Sekunden): Jetzt voll loslassen. Lasse den Arm ganz bequem und ganz locker zurücksinken. Spüre jetzt das Gefühl im Oberarm ..., im Unterarm ..., in der Hand ..., in jedem Finger ... Lasse dir die Zeit, dass sich die Muskeln noch ein wenig mehr lösen können. Lasse ganz los ...

▶ Schultern

3. Nun wende dich bitte den Schultern zu. Spüre, wie sich dieser Körperbereich anfühlt ...

ANSPANNUNG (etwa 5 bis 10 Sekunden): Ziehe die Schultern ganz hoch in Richtung Ohren, so dass die Schultern die Ohren fast berühren. Achte darauf, wie es in den Schulter- und Nackenmuskeln spannt ...

Entspannung (etwa 30 Sekunden): Und jetzt wieder voll loslassen. Die Schultern sinken ganz zurück. Wie fühlt es sich nun an, wenn du die Schultern ganz loslässt? Empfinde und genieße das angenehme Gefühl, wenn sich die Muskeln lockern und lösen ...

▶ Gesicht

4. Und weiter zum Gesicht. Wie fühlt es sich in deinem Gesicht an?

ANSPANNUNG (etwa 5 bis 10 Sekunden): Beiße die Zähne aufeinander, kneife die Augen zusammen und spanne die Gesichtsmuskeln an, indem du eine Grimasse machst.

Entspannung (etwa 30 Sekunden): Jetzt wieder voll loslassen. Spüre und genieße die Lockerung und Lösung des Gesichtes. Lasse dein Gesicht ganz gelöst, ganz glatt sein: die Stirn, die Augen, die Wangen, den Mund, wobei der Mund sich leicht öffnen kann.

▶ Rumpf

5. Nun konzentriere dich bitte auf deinen Rumpf ..., auf den Rücken. Wie fühlt es sich hier an ...? Und wende dich jetzt den Bauchmuskeln zu. Spüre, wie sich dieser Körperbereich anfühlt ...

ANSPANNUNG (etwa 5 bis 10 Sekunden): Spanne die Rückenmuskeln an, indem du die Schulterblätter nach hinten zur Wirbelsäule hin zusammenziehst, und spanne die Bauchmuskeln an, indem du den Bauch nach innen ziehst. Achte auf das Spannungsgefühl in den Muskeln ...

Entspannung (etwa 30 Sekunden): Jetzt wieder voll loslassen. Lasse ganz locker. Lasse deine Rückenmuskeln ... und die Bauchmuskeln ... ganz locker. Achte auf das angenehme Gefühl der Lockerung und Lösung der Muskeln ...

▶ Oberschenkel und Gesäßmuskeln

6. Wende dich nun bitte deinen Beinen zu. Wie fühlen sie sich in diesem Moment an?

ANSPANNUNG (etwa 5 bis 10 Sekunden): Spanne deine Gesäß- und Oberschenkelmuskeln an. Kneife die Pobacken zusammen und mache die Oberschenkelmuskeln hart. Achte darauf, wie es in den Muskeln spannt, wie sie fest und hart sind ...

Entspannung (etwa 30 Sekunden): Jetzt wieder voll loslassen. Die Beine finden in eine ganz bequeme und lockere Haltung zurück. Spüre und genieße das angenehm lockere und gelöste Gefühl in den Gesäß- und Oberschenkelmuskeln. Lasse dir etwas Zeit, damit sich die Muskeln vielleicht noch ein wenig mehr lockern können. Lasse ganz los ...

▶ Unterschenkel

7. Nun weiter zu den Unterschenkeln. Wie fühlt es sich in deinen Unterschenkeln an?

ANSPANNUNG (etwa 5 bis 10 Sekunden): Lasse die Beine so liegen, wie sie liegen, und ziehe die Zehenspitzen und Füße nach oben in Richtung Gesicht. Achte darauf, wie es in deinen Unterschenkeln spannt, wie es hart und fest ist. Spüre das Spannungsgefühl in den Muskeln ...

Entspannung (etwa 30 Sekunden): Und jetzt wieder voll loslassen. Die Beine ganz bequem und locker liegen lassen. Wie fühlen sich die Unterschenkel nun an, wenn du ganz loslässt, ganz locker lässt? Spüre und genieße das angenehme Gefühl in den Unterschenkeln, wenn sich die Muskeln lockern und lösen ...

Spüre, wie sich der Körper Muskelgruppe für Muskelgruppe mehr und mehr gelöst und gelockert hat ... Spüre und genieße die angenehme Entspannung ...

Du kannst dich vielleicht noch etwas mehr entspannen, wenn du die verschiedenen Körperbereiche im Geiste noch einmal durchgehst.

Achte zunächst noch einmal auf die Füße. Wie fühlt es sich hier an ...? Weiter zu den Unterschenkeln. Was spürst du hier ... ? Wie ist es in den Oberschenkeln ...? Die Gesäßmuskeln spüren. Wie fühlt es sich hier an ...? Wie fühlt es sich im Bereich der Bauchmuskeln an ...? Weiter zum Rücken. Was spürst du hier ...? Wie ist es im Bereich der Schultern ...? Wie fühlt sich der Nacken an ...? Wie ist es im Gesicht? Im Bereich der Stirn ..., der Augen ..., der Wangen ..., der Kiefermuskeln ..., des Mundes ...? Weiter zu den Oberarmen. Wie fühlen sie sich an ...? Wie fühlen sich die Unterarme an ...? Und schließlich die Hände: Wie fühlt es sich hier an ...?

Die Entspannung kann sich mehr und mehr ausdehnen und tiefer und tiefer werden ...

An dieser Stelle kannst du mit den Übungen aufhören. Du kannst aber auch weiter in der Entspannung bleiben. Wenn du aufhören willst, machst du Folgendes:

- *Arme mehrmals fest anbeugen, recken, strecken, rekeln,*
- *gut durchatmen,*
- *Augen auf.*

Entspannungsgeschichte »Abenteuer in der Südsee« (ab 8 Jahren)

Die meisten Kinder haben eine ausgeprägte Vorstellungskraft und hören gern Märchen und Geschichten. Beim Zuhören entspannen sich Kinder in aller Regel spontan. Daher bietet sich insbesondere bei jüngeren Kindern der Einsatz von Entspannungsgeschichten an. Außerdem ist es ihnen vertraut, dass ihnen eine Geschichte vorgelesen oder erzählt wird.

Aufbau der Entspannungsgeschichte

»Abenteuer in der Südsee« ist eine ebenso interessante wie entspannende Geschichte, die Kinder ab ca. 8 Jahren, aber auch Jugendliche anspricht. Die Geschichte wird in der Ich-Form erzählt, so dass sich Kinder und Jugendliche mit dem »Helden« bzw. der »Heldin« identifizieren können. Die Geschichte läuft darauf hinaus, dass das Abenteuer nur in einem völlig entspannten Zustand bestanden werden kann. Daher liegt es nahe, die Entspannungsfähigkeit zu trainieren. Wie? Am besten natürlich mit Progressiver Relaxation. Da die Geschichte in der Ich-Form erzählt wird, kann die Zuhörerin und der Zuhörer ohne weiteres dazu eingeladen werden, die integrierte Entspannungsübung in 7 Schritten mitzumachen. Durch den Fortgang der Geschichte mit erfolgreicher Beendigung des Abenteuers wird die Durchführung des Entspannungstrainings »belohnt«. Dies kann die Motivation zum weiteren Üben erhöhen. Außerdem wird in der Geschichte mit Hilfe eines »didaktischen Tricks« für eine kleine Überraschung gesorgt. Hierdurch wird deutlich gemacht, dass es auf das längerfristige regelmäßige Üben ankommt, um Erfolg zu haben. Eine weitere »Botschaft« besteht darin, dass wir unsere geistigen Kräfte im Sinne eines mentalen Trainings nutzen können, um den Weg zum Erfolg zu ebnen. Den Kindern und Jugendlichen wird die Erfahrung nahe gebracht, dass die geistige Beschäftigung mit erwünschtem Verhalten helfen kann, sein Ziel zu erreichen.

> **Im Entspannungsteil werden folgende Muskelgruppen einbezogen:**
>
> Arm (rechts), Arm (links), Schultern, Gesicht, Rumpf, Bein (rechts), Bein (links).

Einen Überblick über die Übungen der Kurzform der Progressiven Relaxation in 7 Schritten gibt Tabelle 1.

Zur Vorbereitung

Zunächst sollte den Kindern und Jugendlichen erklärt werden, dass es um eine Entspannungsgeschichte geht, in deren Verlauf sie zu einer Entspannungsübung eingeladen werden. Dann wird mit ihnen die geeignete Sitz- oder Liegehaltung besprochen und ausprobiert (siehe Seite 60–62). Damit die Kinder wissen, was sie im Entspannungsteil tun sollen, werden die Übungen vorher noch einmal durchgegangen und der Ablauf wird erläutert (siehe Seite 71–76).

Abenteuer in der Südsee

Stelle dir einmal vor, du würdest am schneeweißen Strand einer Insel in der Südsee liegen. Die Blätter der Palme, unter der du liegst, spenden dir angenehmen Schatten. Es ist herrlich, in der Sonne und im warmen Sand zu liegen. Das Meer ist blaugrün und kleine Wellen brechen sich rauschend am Strand. Du fühlst dich super.

Wie du dort hingekommen bist? Deine Eltern haben eine Reise zu einer Trauminsel in der Südsee gewonnen und haben dich mitgenommen. Zu dem Gewinn gehört auch ein Tauchkurs. Du hast dich gerade in der Sonne etwas ausgeruht und gehst nun zur nächsten Stunde des Tauchkurses. Es ist total klasse: Du hast bereits gelernt, mit einer Sauerstoffflasche auf dem Rücken zu tauchen. Heute will Enzo – dein Tauchlehrer – mit dir wieder einen Ausflug zu einer Korallenbank machen. Dort wollt Ihr Fische und Unterwasserpflanzen beobachten. Du freust dich schon riesig. Von den herrlich bunten Fischen und Unterwasserpflanzen, die du bei

den letzten Ausflügen gesehen hast, bist du voll begeistert.

Als du gerade zu Enzos Hütte am Strand gehen willst, siehst du das braun gebrannte Mädchen mit dem traurigen Gesicht wieder. Sie sitzt unter einer Palme und hat Tränen in den Augen. Du hast sie schon in den letzten Tagen dort so traurig sitzen sehen, mochtest sie aber nicht ansprechen. Heute gibst du dir einen Ruck und fragst sie, ob sie traurig ist. Sie wohnt offenbar auf der Insel, kann aber etwas Deutsch sprechen. Du erfährst von ihr, dass ihr kleiner Bruder sehr krank ist. Der Arzt hat gesagt, dass er möglichst bald am Herzen operiert werden muss. Dafür muss er in ein anderes Land geflogen werden, da die schwierige Operation nur dort durchgeführt werden kann. Ihre Eltern sind aber arm und können die vielen tausend Dollar für den Flug und die Operation nicht bezahlen.

Als du mit Enzo und den anderen wieder hinausschwimmst und untertauchst, bist du heute nicht so richtig bei der Sache. Irgendwie geht dir die Geschichte des traurigen Mädchens vom Strand noch durch den Kopf. Als ihr wieder zurück am Strand seid, fragt Enzo dich, ob etwas nicht in Ordnung ist. Er hatte bemerkt, dass du mit den Gedanken woanders warst. Als du ihm die Geschichte erzählst, kratzt er sich nachdenklich am Kopf. »Ja, das ist eine traurige Geschichte. Ich kenne das Mädchen, sie heißt Namimba. Ihr kleiner Bruder heißt Arkando. Ich würde so gern helfen, aber ich habe nicht so viel Geld. Aber ich hoffe, dass ich den versunkenen Schatz finden werde, dann kann ich helfen ...« Du wirst hellhörig. »Was für einen Schatz?« Enzo setzt sich in den Sand und fängt an zu erzählen: »Ein alter Fischer hat mir gesagt, dass Piraten vor langer, langer Zeit hier vor unserer Insel einen Goldschatz versenkt haben. Bis heute hat ihn noch niemand gefunden. Ich fürchte nur, dass es zu lange dauern wird, bis ich den Schatz gefunden habe.

Er kann ja überall liegen. Der alte Fischer hat mir übrigens auch von einem sehr schlauen, aber auch sehr scheuen Delphin erzählt. Er meint, dass er bei der Schatzsuche helfen könnte. Wir müssten ihm nur einen goldenen Ring zeigen, dann würde er schon wissen, wonach wir suchen, und würde uns zur Schatztruhe führen. Der Delphin kommt aber nur, wenn man ganz, ganz ruhig und entspannt ist. Er merkt es sofort, wenn man auch nur ein ganz kleines bisschen aufgeregt ist. Dann kommt er nicht oder schwimmt gleich wieder weg. Ich habe mir schon ganz große Mühe gegeben, ruhig und entspannt zu sein. Aber der Delphin ist höchstens einmal auf 20 Meter herangekommen und immer gleich wieder weggeschwommen. Wenn ich nur wüsste, wie ich so ruhig und entspannt werden könnte, dass sich der scheue Delphin herantraut.«

Als du deinen Freunden abends im Hotel die Geschichte von dem kranken Arkando und dem scheuen Delphin erzählst, kommt dein Freund auf eine Idee: »Ich habe hier im Hotel einen Mann kennen gelernt, der vielleicht helfen kann. Er ist von Beruf Psychologe und kennt sich damit aus, wie man sich tief entspannen und ganz ruhig werden kann.«

Als du dem Psychologen Dr. Locker die Geschichte erzählst, ist er gleich bereit zu helfen. Gemeinsam geht ihr am nächsten Morgen zu Enzos Hütte. Enzo freut sich über die Hilfe und möchte wissen, was zu tun ist.

Ihr zieht eure Taucheranzüge an. Dann beginnt Dr. Locker mit dem Entspannungsunterricht, bei dem du jetzt gleich mitmachst:

Wir wollen uns mit Hilfe bestimmter Übungen gut entspannen und erholen lernen. Die jetzt folgenden Übungen dauern etwa 10 Minuten.

Nimm bitte zunächst einmal eine möglichst bequeme Haltung im Sitzen oder im Liegen ein.

Wenn du im Sitzen üben möchtest, lehne dich am besten gut an die Rückenlehne und lege die Arme locker auf die Oberschenkel oder Armlehnen. Stelle die Füße nebeneinander auf den Boden. Falls du liegen möchtest, ist die Rückenlage am besten. Vielleicht ist ein kleines Kissen unter dem Kopf angenehm. Die Arme liegen locker neben dem Körper und die Beine sind ausgestreckt.

Deine Kleidung sollte einigermaßen bequem sein. Vielleicht möchtest du noch den Gürtel lockern oder einen Knopf aufmachen? Strecke, recke und rekele dich noch mal so richtig ...

Atme tief ein und lasse die Luft wieder ganz ausströmen. Atme nun ruhig weiter.

Wenn du die Augen schließt, kannst du dich besser auf deinen Körper konzentrieren und wirst nicht so leicht abgelenkt. Du kannst die Augen jetzt oder später schließen. Achte darauf, wie du sitzt oder liegst ... Willst du es dir noch etwas bequemer machen? ... Kannst du die Muskeln noch etwas mehr loslassen? ... Entspanne dich so gut wie möglich.

Gleich werde ich dich bitten, bestimmte Muskeln für etwa 5 bis 10 Sekunden gut anzuspannen. Dann sollst du die Spannung ganz loslassen und für etwa 30 Sekunden ganz entspannt bleiben. Spanne so stark an, dass du die Spannung deutlich spürst. Aber nur so doll, dass es nicht schmerzt oder verkrampft, sondern gut tut.«

▶ **Arme**

1. Achte jetzt auf einen Arm. Es ist egal, ob du mit dem rechten oder linken anfängst. Wie fühlt sich der Arm an?

ANSPANNUNG (5 bis 10 Sekunden): Spanne möglichst alle Muskeln des Armes an, indem du eine Faust ballst, den Arm anwinkelst und Unterarm- und Oberarmmuskeln wie ein Bodybuilder anspannst ...

Entspannung (etwa 30 Sekunden): Jetzt voll loslassen. Lasse den Arm ganz bequem und ganz locker zurücksinken. Spüre jetzt das Gefühl im Oberarm ..., im Unterarm ..., in der Hand ..., in jedem Finger ... Lasse dir die Zeit, dass sich die Muskeln noch ein wenig mehr lösen können. Lasse ganz los ...

2. Achte nun auf den anderen Arm. Wie fühlt er sich in diesem Moment an ...?

ANSPANNUNG (etwa 5 bis 10 Sekunden): Spanne möglichst alle Muskeln des Armes an, indem du eine Faust ballst, den Arm anwinkelst und Unterarm und Oberarmmuskeln wie ein Bodybuilder anspannst ...

Entspannung (etwa 30 Sekunden): Jetzt voll loslassen. Lasse den Arm ganz bequem und ganz locker zurücksinken. Spüre jetzt das Gefühl im Oberarm ..., im Unterarm ..., in der Hand ..., in jedem Finger ... Lasse dir die Zeit, dass sich die Muskeln noch ein wenig mehr lösen können. Lasse ganz los ...«

▶ Schultern

3. Nun wende dich bitte den Schultern zu. Spüre, wie sich dieser Körperbereich anfühlt ...

ANSPANNUNG (etwa 5 bis 10 Sekunden): Ziehe die Schultern ganz hoch in Richtung Ohren, so dass die Schultern die Ohren fast berühren. Achte darauf, wie es in den Schulter- und Nackenmuskeln spannt ...

Entspannung (etwa 30 Sekunden): Und jetzt wieder voll loslassen. Die Schultern sinken ganz zurück. Wie fühlt es sich nun an, wenn du die Schultern ganz loslässt? Empfinde und genieße das angenehme Gefühl, wenn sich die Muskeln lockern und lösen ...

▶ Gesicht

4. Und weiter zum Gesicht. Wie fühlt sich dein Gesicht an?

ANSPANNUNG (etwa 5 bis 10 Sekunden): Beiße die Zähne aufeinander, kneife die Augen zusammen und spanne die Gesichtsmuskeln an, indem du eine Grimasse machst.

Entspannung (etwa 30 Sekunden): Jetzt wieder voll loslassen. Spüre und genieße die Lockerung und Lösung des Gesichtes. Lasse dein Gesicht ganz gelöst, ganz glatt sein: die Stirn, die Augen, die Wangen, den Mund, wobei der Mund sich leicht öffnen kann.

▶ **Rumpf**

5. Nun konzentriere dich bitte auf deinen Rumpf ..., auf den Rücken. Wie fühlt es sich hier an ... Und wende dich jetzt den Bauchmuskeln zu. Spüre, wie sich dieser Körperbereich anfühlt ...

ANSPANNUNG (etwa 5 bis 10 Sekunden): Spanne die Rückenmuskeln an, indem du die Schulterblätter nach hinten zur Wirbelsäule hin zusammenziehst, und spanne die Bauchmuskeln an, indem du den Bauch nach innen ziehst. Achte auf das Spannungsgefühl in den Muskeln ...

Entspannung (etwa 30 Sekunden): Jetzt wieder voll loslassen. Lasse ganz locker. Lasse deine Rückenmuskeln ... und die Bauchmuskeln ... ganz locker. Achte auf das angenehme Gefühl der Lockerung und Lösung der Muskeln ...

▶ **Oberschenkel und Gesäßmuskeln**

6. Wende dich nun bitte deinen Beinen zu. Wie fühlen sie sich in diesem Moment an?

ANSPANNUNG (etwa 5 bis 10 Sekunden): Spanne deine Gesäß- und Oberschenkelmuskeln an. Kneife die Pobacken zusammen und mache die Oberschenkelmuskeln hart. Achte darauf, wie es in den Muskeln spannt, wie sie fest und hart sind ...

Entspannung (etwa 30 Sekunden): Jetzt wieder voll loslassen. Die Beine finden in eine ganz bequeme und lockere Haltung zurück. Spüre und genieße das angenehm lockere und gelöste Gefühl in den Gesäß- und Oberschenkelmuskeln. Lasse dir etwas Zeit, damit sich die Muskeln vielleicht noch ein wenig mehr lockern können. Lasse ganz los ...

▶ Unterschenkel

7. Nun weiter zu den Unterschenkeln. Wie fühlt es sich in deinen Unterschenkeln an?

ANSPANNUNG (etwa 5 bis 10 Sekunden): Lasse die Beine so liegen, wie sie liegen, und ziehe die Zehenspitzen und Füße nach oben in Richtung Gesicht. Achte darauf, wie es in deinen Unterschenkeln spannt, wie es hart und fest ist. Spüre das Spannungsgefühl in den Muskeln ...

Entspannung (etwa 30 Sekunden): Und jetzt wieder voll loslassen. Die Beine ganz bequem und locker liegen lassen. Wie fühlen sich die Unterschenkel nun an, wenn du ganz loslässt, ganz locker lässt? Spüre und genieße das angenehme Gefühl in den Unterschenkeln, wenn sich die Muskeln lockern und lösen ...

Spüre, wie sich der Körper Muskelgruppe für Muskelgruppe mehr und mehr gelöst und gelockert hat ... Spüre und genieße die angenehme Entspannung ...

Du kannst dich vielleicht noch etwas mehr entspannen, indem du die verschiedenen Körperbereiche im Geiste noch einmal durchgehst.

Achte zunächst noch einmal auf die Füße. Wie fühlt es sich hier an ...? Weiter zu den Unterschenkeln. Was spürst du hier ... ? Wie ist es in den Oberschenkeln ...? Die Gesäßmuskeln spüren. Wie fühlt es sich hier an ...? Wie fühlt es sich im Bereich der Bauchmuskeln an ...? Weiter zum Rücken. Was spürst du hier ...? Wie ist es im Bereich der Schultern ...? Wie fühlt sich der Nacken an ...? Wie ist es im Gesicht? Im Bereich der Stirn ..., der Augen ..., der Wangen ..., der Kiefermuskeln ..., des Mundes ...? Weiter zu den Oberarmen. Wie fühlen sie sich an? ... Wie fühlen sich die Unterarme an ...? Und schließlich die Hände: Wie fühlt es sich hier an ...?

Die Entspannung kann sich mehr und mehr ausdehnen und tiefer und tiefer werden ...

Als Enzo und du euch so richtig gut entspannt fühlt, schnallt ihr die Sauerstoffflaschen auf den Rücken und schwimmt los. Ihr taucht unter und gleitet ganz ruhig und entspannt durch das angenehm warme und in der Sonne glitzernde Wasser. Herrlich, diese wunderbar bunten Fische und Pflanzen. An Schwärmen schönster Fische und prächtigen Korallenbänken kommt ihr vorbei. Ihr taucht tiefer und tiefer. Dabei fühlt ihr euch vollkommen ruhig und ausgeglichen. Schließlich zeigt Enzo auf einen großen Fisch in der Ferne. Du verstehst: Das ist der Delphin. Er kommt vorsichtig näher und beginnt, euch zu umkreisen. Er zieht engere und engere Kreise. Ihr bleibt ganz ruhig und könnt den schönen Delphin immer genauer betrachten. Schließlich ist er so nah dran, dass ihr ihn fast an der Nase streicheln könnt. Es sieht so aus, als ob er euch freundlich zunicken würde. Enzo nimmt seinen goldenen Ring ab und zeigt ihn dem Delphin. Wieder nickt der Delphin, als wollte er sagen: »OK, ich habe verstanden. Ihr sucht sicher den Goldschatz.« Er beginnt, langsam weiter hinaus ins Meer zu schwimmen, und ihr folgt ihm. Ihr gleitet tiefer und tiefer durch das angenehm warme Wasser, bis ihr zu großen, mit bunten Korallen bewachsenen Steinen kommt. Als ihr um einen der Steine herumschwimmt, gibt dir Enzo plötzlich ein Zeichen und zeigt nach unten auf den goldgelben Sand. Da guckt etwas aus dem Sand heraus. Tatsächlich sieht es wie der Griff einer alten Truhe aus. Ist das etwa die Schatztruhe der Piraten? Ihr schwimmt dichter heran und beginnt, mit den Händen den Sand zur Seite zu schieben. Schließlich könnt ihr den

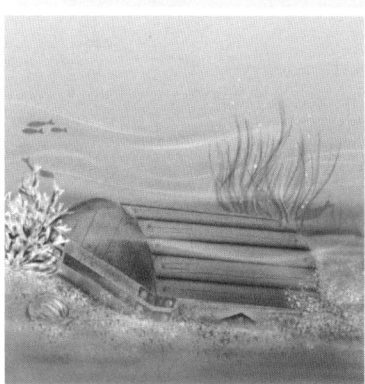

Deckel der Schatztruhe öffnen und seid ganz geblendet. Eine Truhe voller glänzender Goldstücke! Einige der Goldstücke steckt ihr euch schon mal in die Taucheranzüge. Den Rest werdet ihr später holen. Vor Freude umarmt ihr euch im Wasser und streichelt dem Delphin die Nase. Auch er scheint sich zu freuen. Ob der schlaue Delphin weiß, dass das Gold für einen guten Zweck ist? Zufrieden und glücklich schwimmt ihr an den Strand zurück, als ihr plötzlich die Stimme von Dr. Locker hört:

»So, jetzt denken wir daran, die Übung wieder zu beenden. Wir recken, strecken, rekeln uns ganz kräftig. Dann atmen wir tief durch und öffnen die Augen.«

Als ihr die Augen wieder geöffnet habt, seid ihr vor Erstaunen platt: Ihr seid ganz trocken und es sind auch keine Goldstücke in euren Taucheranzügen. Dr. Locker lacht:

»Ich habe euch in der Entspannung erst einmal vom Delphin und vom Goldschatz nur erzählt. Den Schatz werdet ihr sicher noch finden. Aber erst mal müsst ihr die Entspannungsübungen noch einige Male wiederholen und gut erlernen. Dann werdet ihr so locker und entspannt sein, dass der Delphin wirklich zu euch kommen wird.

Übrigens könnt ihr vieles leichter und besser schaffen, wenn ihr euch den Weg dahin zuerst in der Entspannung gut vorstellt. Es geht dann meist leichter, sein Ziel zu erreichen. Trotz Entspannungsübung könntet ihr euch ohne Vorbereitung vielleicht doch noch aufregen, wenn ihr plötzlich dem Delphin begegnet. Deshalb ist es gut, wenn ihr es erst mal in der Vorstellung übt, auch bei der Begegnung mit ihm ruhig zu bleiben.

Morgen ist unsere nächste Übungsstunde.«

Tatsächlich hat Dr. Locker Recht. Ihr kommt von Übung zu Übung mit dem Entspannungstraining besser klar und freut euch schon jedesmal auf die angenehme und erholsame Ruhe. Hinterher fühlt ihr euch immer so erfrischt und gleichzeitig ruhig und ausgeglichen. Nach einiger Zeit ist es dann soweit: Dr. Locker

reicht euch die Sauerstoffflaschen und ihr taucht los. Und tatsächlich, ihr bleibt so locker und entspannt, dass sich der scheue Delphin herantraut. Enzo kann ihm seinen Ring zeigen und der Delphin führt euch zu dem versunkenen Schatz. So könnt ihr dem traurigen Mädchen und ihrem kleinen, kranken Bruder helfen, bevor du wieder nach Hause abreisen musst. Schnell spricht sich die Sache auf der Südseeinsel herum. Der Bürgermeister richtet ein riesiges Fest aus, bei dem irre was los ist. Enzo, Dr. Locker und du, ihr seid die Ehrengäste und feiert ausgelassen bis spät in die Nacht am Strand unter den glitzernden Sternen.

Anleitung für eine Kurzübung der Progressiven Relaxation in 10 Schritten
(ab 10 Jahren)

Folgende Muskelgruppen werden einbezogen:

Unterarme, Oberarme (Bizeps), Oberarme (Trizeps), Schultern, Gesicht, Rückenmuskeln, Bauchmuskeln, Oberschenkel und Gesäßmuskeln, Unterschenkel.

Ein Vorteil dieses Übungsaufbaues liegt darin, dass sich die Reihenfolge der Übungen gleichsam von selbst ergibt: Auf die Unterarme folgen die Oberarme, dann die Schultern, der Nacken, das Gesicht usw. Diese Anordnung erleichtert Kindern und Jugendlichen das Üben, da nach einigen Wiederholungen der Ablauf völlig klar ist und sich von selbst ergibt. Ein Auswendiglernen ist also nicht notwendig.

Tabelle 2 gibt einen Überblick über die Übungen der Kurzform der Progressiven Relaxation in 10 Schritten.

● **Tab. 2: Tabellarische Zusammenstellung der Übungen der Kurzform der Progressiven Relaxation in 10 Schritten**

1. Hand und Unterarm
Faust ballen (zum Beispiel rechts)

2. Hand und Unterarm
Faust ballen (zum Beispiel links)

3. Oberarme
Oberarme anbeugen (Bizeps)

4. Oberarme
Oberarme strecken (Trizeps)

5. Schultern
Schultern hochziehen

6. Gesicht
Gesichtsmuskeln anspannen, Grimasse

7. Rückenmuskeln
Schulterblätter nach hinten ziehen

8. Bauchmuskeln
Bauch einziehen

9. Oberschenkel und Gesäßmuskeln
Oberschenkel und Gesäß anspannen

10. Unterschenkel
Gegenspannung in Schienbein und Wadenmuskeln

Zur Einstimmung auf die Übungen

● Wir wollen uns mit Hilfe bestimmter Übungen gut entspannen und erholen lernen. Die jetzt folgenden Übungen dauern etwa 15 Minuten.

● Nimm bitte zunächst einmal eine möglichst bequeme Haltung im Sitzen oder im Liegen ein.

● Wenn du im Sitzen üben möchtest, lehne dich am besten gut an die Rückenlehne und lege die Arme locker auf die Oberschenkel oder Armlehnen. Stelle die Füße nebeneinander auf den Boden.

● Falls du liegen möchtest, ist die Rückenlage am besten. Vielleicht ist ein kleines Kissen unter dem Kopf angenehm. Die Arme liegen locker neben dem Körper und die Beine sind ausgestreckt.

● Deine Kleidung sollte einigermaßen bequem sein. Vielleicht möchtest du noch den Gürtel lockern oder einen Knopf aufmachen?

● Strecke, recke und rekele dich noch mal so richtig ...
Atme tief ein und lasse die Luft ganz ausströmen. Atme nun ruhig weiter.

● Wenn du die Augen schließt, kannst du dich besser auf deinen Körper konzentrieren und wirst nicht so leicht abgelenkt. Du kannst die Augen jetzt oder später schließen. Achte darauf, wie du sitzt oder liegst ... Willst du es dir noch etwas bequemer machen ...? Kannst du die Muskeln noch etwas mehr loslassen ...? Entspanne dich so gut wie möglich.

● Gleich werde ich dich bitten, bestimmte Muskeln für etwa 10 Sekunden gut anzuspannen. Dann sollst du die Spannung ganz loslassen und für etwa 30 Sekunden ganz entspannt bleiben. Spanne so stark an, dass du die Spannung deutlich spürst. Aber nur so doll, dass es nicht schmerzt oder verkrampft, sondern gut tut.

1. Hand und Unterarm
(bei Rechtshändern rechts, bei Linkshändern links)

Achte jetzt auf eine Hand. Es ist egal, ob du mit der rechten oder linken anfängst. Wie fühlt sich die Hand ... und der Unterarm an?

ANSPANNUNG (etwa 5 bis 10 Sekunden): Balle die Hand nun zur Faust, als ob du einen nassen Schwamm ausdrückst. Steigere die Spannung, bis du sie deutlich spürst, ohne zu verkrampfen. Achte darauf, wie es in den Muskeln spannt, wie sie hart und fest sind, im Unterarm ..., in der Hand ...

Entspannung (etwa 30 Sekunden): Jetzt loslassen. Lasse den Arm ganz bequem und voll locker liegen. Spüre das unterschiedliche Gefühl im Unterarm ..., in der Hand ..., in den Fingern. Lasse dir etwas Zeit, damit sich die Muskeln noch ein wenig mehr lösen können. Lasse ganz los ...

2. Hand und Unterarm

Nun konzentriere dich auf die andere Hand. Wie fühlt sich die Hand ... und der Unterarm in diesem Moment an...?

ANSPANNUNG (etwa 5 bis 10 Sekunden): Balle die Hand zur Faust. Achte auf das Spannungsgefühl im Unterarm ..., in der Hand ..., in den Fingern.

Entspannung (etwa 30 Sekunden): Jetzt loslassen. Lasse den Arm ganz bequem und voll locker liegen. Spüre das unterschiedliche Gefühl im Unterarm ..., in der Hand ..., in den Fingern. Lasse dir etwas Zeit, damit sich die Muskeln noch ein wenig mehr lösen können. Lasse ganz los ...

3. Oberarme (Bizeps)

Konzentriere dich als nächstes auf die Oberarme. Achte darauf, wie sie sich anfühlen ...

ANSPANNUNG (etwa 5 bis 10 Sekunden): Beuge deine Arme in Richtung Schultern, als ob du etwas zu dir heranziehen wolltest, und spanne die Muskeln der Oberarme an, wobei die Hände möglichst locker bleiben. Spüre die Spannung in den Oberarmen ...

Entspannung (etwa 30 Sekunden): Jetzt wieder voll loslassen und die Arme bequem liegen lassen. Achte darauf, wie es sich jetzt in deinen Armen anfühlt, und spüre das unterschiedliche Gefühl: die Lockerung und Lösung der Oberarmmuskeln. Vielleicht kannst du noch ein wenig mehr loslassen ...

4. Oberarme (Trizeps)

Achte auf die Rückseite deiner Oberarme. Wie fühlen sich die Oberarme in diesem Moment dort an ...?

ANSPANNUNG (etwa 5 bis 10 Sekunden): Drehe deine Hände herum, so dass die Handinnenflächen nach oben zeigen, und strecke die Arme. Die Arme ganz gerade machen und gegen die Unterlage oder die Oberschenkel drücken. Achte darauf, wie es in den Muskeln der Oberarme spannt ...

Entspannung (etwa 30 Sekunden): Jetzt wieder voll loslassen und die Arme bequem zurücksinken lassen. Achte darauf, wie es sich in den Oberarmen anfühlt, wenn du ganz locker lässt. Lasse dir die Zeit, dass sich die Muskeln ganz lösen können ...

5. Schultern

Nun wende dich bitte den Schultern zu. Spüre, wie sich dieser Körperbereich anfühlt ...

ANSPANNUNG (etwa 5 bis 10 Sekunden): Ziehe die Schultern ganz hoch in Richtung der Ohren, so dass die Schultern die Ohren fast berühren. Achte darauf, wie es in den Schulter- und Nackenmuskeln spannt ...

Entspannung (etwa 30 Sekunden): Und jetzt wieder voll loslassen. Die Schultern sinken ganz zurück. Wie fühlt es sich nun an, wenn du die Schultern ganz loslässt? Empfinde und genieße das angenehme Gefühl, wenn sich die Muskeln lockern und lösen ...

6. Gesicht

Und weiter zum Gesicht. Wie fühlt es sich in deinem Gesicht an?

ANSPANNUNG (etwa 5 bis 10 Sekunden): Beiße die Zähne aufeinander, kneife die Augen zusammen und spanne die Gesichtsmuskeln an, indem du eine Grimasse machst.

Entspannung (etwa 30 Sekunden): Jetzt wieder voll loslassen. Empfinde und genieße die Lockerung und Lösung des Gesichtes. Lasse dein Gesicht ganz gelöst, ganz glatt sein: die Stirn, die Augen, die Wangen, den Mund, wobei der Mund sich leicht öffnen kann.

7. Rückenmuskeln

Nun wende dich deinem Rücken zu. Wie fühlt es sich im Moment im Rücken an?

ANSPANNUNG (etwa 5 bis 10 Sekunden): Spanne die Rückenmuskeln an, mache dich ganz gerade und ziehe die Schulterblätter nach hinten zur Wirbelsäule hin zusammen. Spüre, wie es in den Rückenmuskeln spannt, wie sie ganz fest sind ...

Entspannung (etwa 30 Sekunden): Jetzt die Spannung wieder voll loslassen. Lasse die Rückenmuskeln ganz locker. Achte auf das angenehme Gefühl, wenn sich die Rückenmuskeln lockern, lösen und ganz weich sind ...

8. Bauchmuskeln

Gehe nun weiter zu den Bauchmuskeln. Wie fühlt es sich hier in diesem Moment an ...?

ANSPANNUNG (etwa 5 bis 10 Sekunden): Spanne deine Bauchmuskeln dadurch an, dass du den Bauch nach innen ziehst, als ob du eine enge Hose zukriegen willst. Achte auf das Spannungsgefühl in den Bauchmuskeln ...

Entspannung (etwa 30 Sekunden): Lasse ganz locker. Lasse deine Bauchmuskeln sich voll lösen, ganz locker und weich sein. Achte auf das angenehme Gefühl und genieße die Lockerung und Lösung der Bauchmuskeln ...

9. Oberschenkel und Gesäßmuskeln

Wende dich nun bitte deinen Beinen zu. Wie fühlen sie sich in diesem Moment an?

ANSPANNUNG (etwa 5 bis 10 Sekunden): Spanne deine Gesäß- und Oberschenkelmuskeln an. Kneife die Pobacken zusammen und mache die Oberschenkelmuskeln hart. Achte darauf, wie es in den Muskeln spannt, wie sie fest und hart sind ...

Entspannung (etwa 30 Sekunden): Jetzt wieder voll loslassen. Die Beine finden in eine ganz bequeme und lockere Haltung zurück. Spüre und genieße das angenehm lockere und gelöste Gefühl in den Gesäß- und Oberschenkelmuskeln. Lasse dir etwas Zeit, damit sich die Muskeln vielleicht noch ein wenig mehr lockern können. Lasse ganz los ...

10. Unterschenkel

Nun weiter zu den Unterschenkeln. Wie fühlt es sich in deinen Unterschenkeln an?

ANSPANNUNG (etwa 5 bis 10 Sekunden): Lasse die Beine so liegen, wie sie liegen, und ziehe die Zehenspitzen und Füße nach oben in Richtung Gesicht. Achte darauf, wie es in deinen Unterschenkeln spannt, wie es hart und fest ist. Spüre das Spannungsgefühl in den Muskeln ...

Entspannung (etwa 30 Sekunden): Und jetzt wieder voll loslassen. Die Beine ganz bequem und locker liegen lassen. Wie fühlen sich die Unterschenkel nun an, wenn du ganz loslässt, ganz locker lässt? Spüre und genieße das angenehme Gefühl in den Unterschenkeln, wenn sich die Muskeln lockern und lösen ...

Spüre, wie sich der Körper Muskelgruppe für Muskelgruppe mehr und mehr gelöst und gelockert hat ... Genieße die angenehme Entspannung ...

Du kannst dich vielleicht noch etwas mehr entspannen, indem du die verschiedenen Körperbereiche im Geiste noch einmal durchgehst.

Achte zunächst noch einmal auf die Füße. Wie fühlt es sich hier an ...? Weiter zu den Unterschenkeln. Was spürst du hier ...? Wie ist es in den Oberschenkeln ...? Die Gesäßmuskeln spüren. Wie fühlt es sich hier an ...? Wie fühlt es sich im Bereich der Bauchmuskeln an ...? Weiter zum Rücken. Was spürst du hier ...? Wie ist es im Bereich der Schultern ...? Wie fühlt sich der Nacken an ...? Wie ist es im Gesicht? Im Bereich der Stirn ..., der Augen ..., der Wangen ..., der Kiefermuskeln ..., des Mundes ...? Weiter zu den Oberarmen. Wie fühlen sie sich an ...? Wie fühlen sich die Unterarme an ...? Und schließlich die Hände: Wie fühlt es sich hier an ...?

Lasse die Entspannung sich mehr und mehr ausdehnen und verstärken.

An dieser Stelle kannst du mit den Übungen aufhören. Du kannst aber auch weiter in der Entspannung bleiben. Wenn du aufhören willst, machst du Folgendes:

- *Arme mehrmals fest anbeugen, recken, strecken, rekeln,*
- *gut durchatmen,*
- *Augen auf.*

Anleitung für eine Langübung der Progressiven Relaxation (ab 12 Jahren)

Der folgende Anleitungstext ist in vier Übungsteile gegliedert:
1. Entspannung von Händen und Armen
2. Entspannung von Gesicht und Schultern
3. Entspannung des Leibes
4. Entspannung der Beine, event. Reise durch den Körper

Mit dem ersten Teil (Entspannung der Arme) sollte zunächst ein- bis zweimal täglich geübt werden. Dann kommt jeweils ein weiterer Übungsteil hinzu, bis im Laufe von einer oder mehreren Wochen alle vier Übungsteile zusammen (oder auch einzeln) durchgeführt werden.

Tabelle 3 gibt einen Überblick über die Übungen der Langform der Progressiven Relaxation.

● **Tab. 3: Tabellarische Zusammenstellung der Übungen der Langform der Progressiven Relaxation**

1. Übungsteil: Hände und Arme
Hand (Faust, zum Beispiel rechts)
Hand (Faust, zum Beispiel links)
Oberarme (anbeugen; Bizeps)
Oberarme (strecken; Trizeps)

2. Übungsteil: Gesicht und Schultern
Stirn (runzeln)
Augen (zusammenkneifen)
Kiefermuskeln (Zähne zusammenbeißen)

Lippen (aufeinander drücken)
Nacken (Kopf nach hinten in den Nacken)
Schultern (hochziehen)

3. Übungsteil: Leib

Brustkorb (tief einatmen)
Bauchmuskeln (Bauch nach außen drücken)
Bauchmuskeln (Bauch nach innen ziehen)
Rücken (Schulterblätter nach hinten)

4. Übungsteil: Beine

Oberschenkel und Gesäß (anspannen)
Unterschenkel (Füße hochziehen)
Füße (Zehen nach unten rollen)

Zur Einstimmung auf die Übungen der Progressiven Relaxation

● Wir wollen uns mit Hilfe bestimmter Übungen gut entspannen und erholen lernen.

● Setze oder lege dich zunächst einmal bequem hin.

● Wenn du im Sitzen üben möchtest, lehne dich am besten gut an die Rückenlehne und lege die Arme locker auf die Oberschenkel oder Armlehnen. Stelle die Füße nebeneinander auf den Boden.

● Falls du liegen möchtest, ist die Rückenlage am besten. Vielleicht ist ein kleines Kissen unter dem Kopf angenehm. Die Arme liegen locker neben dem Körper und die Beine sind ausgestreckt.

● Deine Kleidung sollte einigermaßen bequem sein. Vielleicht möchtest du noch den Gürtel lockern oder einen Knopf aufmachen?

● Strecke, recke und rekele dich noch mal so richtig ...
Atme tief ein und lasse die Luft wieder ganz ausströmen. Atme nun ruhig weiter.

● Die jetzt folgenden Übungen dauern etwa eine halbe Stunde. Das Übungsprogramm ist in vier Teile aufgeteilt. Falls du nur einzelne Übungsteile machen möchtest, kannst du nach jedem Übungsteil während der Musik aufhören.

● Wenn du die Augen schließt, kannst du dich besser auf deinen Körper konzentrieren und wirst nicht so leicht abgelenkt. Du kannst die Augen jetzt oder später schließen. Achte darauf, wie du sitzt oder liegst ... Willst du es dir noch etwas bequemer machen? ... Kannst du die Muskeln noch etwas mehr loslassen? ... Entspanne dich so gut wie möglich.

● Gleich werde ich dich bitten, bestimmte Muskeln für etwa 10 Sekunden gut anzuspannen. Dann sollst du die Spannung ganz loslassen und für etwa 30 Sekunden ganz entspannt bleiben. Spanne so stark an, dass du die Spannung deutlich spürst. Aber nur so doll, dass es nicht schmerzt oder verkrampft, sondern gut tut.

1. Übungsteil: Entspannung von Händen und Armen

▶ Hände

Achte jetzt auf eine Hand. Es ist egal, ob du mit der rechten oder linken anfängst. Wie fühlt sich die Hand ... und der Unterarm an?

ANSPANNUNG (etwa 5 bis 10 Sekunden): Balle die Hand nun zur Faust, als ob du einen nassen Schwamm ausdrückst. Steigere die Spannung, bis du sie deutlich spürst, ohne zu verkrampfen. Achte darauf, wie es in den Muskeln spannt, wie sie hart und fest sind, im Unterarm ..., in der Hand ...

Entspannung (etwa 30 Sekunden): Jetzt loslassen. Lasse den Arm ganz bequem und voll locker liegen. Spüre wie der Unterarm, ... die Hand ..., die Finger sich jetzt anfühlen. Lasse dir etwas Zeit, damit sich die Muskeln noch ein wenig mehr lösen können. Lasse ganz los ...

Nun konzentriere dich auf die andere Hand. Wie fühlt sich die Hand ... und der Unterarm in diesem Moment an ...?

ANSPANNUNG (etwa 5 bis 10 Sekunden): Balle die Hand zur Faust. Achte auf das Spannungsgefühl im Unterarm ..., in der Hand ..., in den Fingern.

Entspannung (etwa 30 Sekunden): Jetzt loslassen. Lasse den Arm ganz bequem und voll locker liegen. Spüre das unterschiedliche Gefühl im Unterarm ..., in der Hand ..., in den Fingern. Lasse dir etwas Zeit, damit sich die Muskeln noch ein wenig mehr lösen können. Lasse ganz los ...

Nun wenden wir uns beiden Händen zu.

ANSPANNUNG (etwa 5 bis 10 Sekunden): Balle beide Hände zu Fäusten (siehe Abb. 7). Achte darauf, wie es in den Muskeln spannt, wie sie hart und fest sind, in den Unterarmen ..., Händen..., Fingern.

Entspannung (etwa 5 bis 10 Sekunden): Jetzt voll loslassen. Die Arme können wieder ganz bequem und locker ruhen. Wie fühlt es sich nun an in den Unterarmen ..., Händen ..., Fingern, wenn du ganz loslässt? Lasse voll locker ...

▶ Oberarme (Bizeps)

Konzentriere dich als nächstes auf die Oberarme. Achte darauf, wie sie sich anfühlen ...

Abb. 7: Hände, geballt

ANSPANNUNG (etwa 5 bis 10 Sekunden): Beuge deine Arme in Richtung Schultern, als ob du etwas zu dir heranziehen wolltest und spanne die Muskeln der Oberarme an, wobei die Hände möglichst locker bleiben. Spüre die Spannung in den Oberarmen ...

Entspannung (etwa 30 Sekunden): Jetzt wieder voll loslassen und die Arme bequem liegen lassen. Achte darauf, wie es sich jetzt in deinen Armen anfühlt, und spüre das unterschiedliche Gefühl: die Lockerung und Lösung der Oberarmmuskeln. Vielleicht kannst du noch ein wenig mehr loslassen ...

▶ Oberarme (Trizeps)

Nun gehe weiter zu den Streckmuskeln auf der Rückseite der Oberarme. Wie fühlen sich die Oberarme in diesem Moment an ...?

ANSPANNUNG (etwa 5 bis 10 Sekunden): Drehe deine Hände herum, so dass die Handinnenflächen nach oben zeigen, und strecke die Arme. Die Arme ganz gerade machen und gegen die Unterlage oder die Oberschenkel drücken. Achte darauf, wie es in den Muskeln der Oberarme spannt ...

Entspannung (etwa 30 Sekunden): Jetzt wieder voll loslassen und die Arme bequem zurücksinken lassen. Achte darauf, wie es sich in den Oberarmen anfühlt, wenn du ganz locker lässt. Lasse dir die Zeit, damit sich die Muskeln ganz lösen können ...

Genieße das angenehm lockere und gelöste Gefühl in den Armen. Achte auch auf kleine Veränderungen, spüre die Ruhe, lasse voll los.

An dieser Stelle kannst du mit den Übungen aufhören oder auch weitermachen. Wenn du aufhören willst, machst du Folgendes:

- *Arme mehrmals fest anbeugen, recken, strecken, rekeln,*
- *gut durchatmen,*
- *Augen auf.*

2. Übungsteil: Entspannung von Gesicht und Schultern

▶ Gesicht

Richte deine Aufmerksamkeit nun auf dein Gesicht. Spüre, wie es sich im Moment anfühlt.

ANSPANNUNG (etwa 5 bis 10 Sekunden): Ziehe die Augenbrauen hoch und runzele die Stirn, wie wenn du über etwas angestrengt nachdenkst. Steigere die Spannung, bis du sie deutlich spürst, ohne zu verkrampfen. Spüre, wie es im Bereich der Stirn spannt …

Entspannung (etwa 30 Sekunden): Jetzt wieder voll loslassen. Erlaube deinen Muskeln, sich ganz zu lösen, und der Stirn, ganz glatt zu sein. Achte auf das angenehme Gefühl, wenn die Muskeln locker und gelöst sind …

▶ Augen

Nun gehe weiter zu den Augen. Wie fühlen sie sich in diesem Moment an …?

Abb. 8: Augenbrauen hochziehen, Stirn runzeln

ANSPANNUNG (etwa 5 bis 10 Sekunden): Kneife die Augen zusammen, als ob dich die Sonne blenden würde. Spanne die Muskeln aber vorsichtig an, ohne dass es unangenehm ist. Achte auf die Spannung im Bereich der Augen ...

Entspannung (etwa 30 Sekunden): Jetzt wieder voll loslassen. Lasse deine Muskeln ganz locker und erlaube der Augenpartie, ganz glatt zu sein. Spüre das angenehme Gefühl, wenn sich deine Muskeln lockern und lösen ...

▶ Kiefermuskeln

Wende dich nun den Kiefermuskeln zu. Mache dir bewusst, wie es sich hier anfühlt.

ANSPANNUNG (etwa 5 bis 10 Sekunden): Beiße die Zähne aufeinander, als ob du etwas Festes durchbeißen wolltest. Achte darauf, wie es in den Kiefermuskeln spannt, wie sie hart und fest sind. Spanne aber nur so stark an, dass es nicht schmerzt oder verkrampft, sondern gut tut ...

Entspannung (etwa 30 Sekunden): Lasse jetzt voll los, so dass deine Kiefermuskeln ganz locker sind. Achte auf das angenehme Gefühl, wenn sich die Muskeln lockern und lösen. Lasse es zu, dass sich die Zähne leicht voneinander lösen ...

▶ Lippen

Nun gehe weiter zu den Lippen. Spüre deine Lippen.

ANSPANNUNG (etwa 5 bis 10 Sekunden): Drücke die Lippen aufeinander, als ob du den Mund ganz fest zumachen wolltest. Achte auf das Spannungsgefühl in den Lippen. Mache dir die Spannung ganz bewusst ...

Entspannung (etwa 30 Sekunden): Jetzt wieder voll loslassen. Lasse die Lippen ganz locker. Achte auf das angenehme Gefühl, wenn sich die Lippen lockern und lösen. Lasse ganz los ...

▶ Nacken

Nun konzentriere dich bitte auf deinen Nacken. Wie fühlt es sich hier an?

ANSPANNUNG (etwa 5 bis 10 Sekunden): Drücke den Kopf vorsichtig nach hinten in den Nacken, ohne zu verkrampfen. Achte auf das Spannungsgefühl in den Nackenmuskeln.

Entspannung (etwa 30 Sekunden): Und jetzt voll loslassen. Den Kopf wieder in seine normale Lage lassen. Erlaube deinen Muskeln, sich ganz zu lösen, und dem Nacken, ganz locker zu sein. Spüre und genieße das angenehme Gefühl, wenn sich die Muskeln im Nacken und in den Schultern lockern und lösen ...

▶ Schultern

Nun wende dich bitte den Schultern zu. Spüre, wie sich dieser Körperbereich anfühlt ...

ANSPANNUNG (etwa 5 bis 10 Sekunden): Ziehe die Schultern ganz hoch in Richtung der Ohren, so dass die Schultern die Ohren fast berühren. Achte darauf, wie es in den Schulter- und Nackenmuskeln spannt ...

Entspannung (etwa 30 Sekunden): Und jetzt wieder voll loslassen. Die Schultern sinken ganz zurück. Wie fühlt es sich nun an, wenn du die Schultern ganz loslässt? Empfinde und genieße das angenehme Gefühl, wenn sich die Muskeln lockern und lösen ...

Genieße das angenehme lockere und gelöste Gefühl im Gesicht und in den Schultern. Achte auch auf feine Veränderungen, spüre die Ruhe, lasse voll los. Die Entspannung kann sich auf den ganzen Körper ausweiten und sich mehr und mehr vertiefen.

An dieser Stelle kannst du mit den Übungen aufhören oder auch weitermachen. Wenn du aufhören willst, machst du Folgendes:
- *Arme mehrmals fest anbeugen, recken, strecken, rekeln,*
- *gut durchatmen,*
- *Augen auf.*

3. Übungsteil: Entspannung des Leibes

▶ Brustkorb

Nun gehen wir weiter zu deiner Brust und deinem Bauch. Achte darauf, wie sie sich anfühlen ...

ANSPANNUNG (etwa 5 bis 10 Sekunden): Atme tief ein, als ob du vor dem Tauchen noch mal Luft holen wolltest, so dass sich Brust und Bauch wölben. Halte die Luft kurz an ...

Entspannung (etwa 30 Sekunden): Jetzt wieder loslassen, so dass die Luft wieder von selbst herausströmt. Erlaube deinen Muskeln in Brust und Bauch, sich ganz zu lösen. Spüre und genieße das angenehme Gefühl, wie sich die Muskeln im Bereich von Brust und Bauch lockern und lösen. Lasse voll los ...

▶ Bauchmuskeln

Nun gehen wir weiter zu den Bauchmuskeln. Achte darauf, wie es sich hier anfühlt.

ANSPANNUNG (etwa 5 bis 10 Sekunden): Spanne deine Bauchmuskeln dadurch an, dass du den Bauch nach außen drückst. Achte darauf, wie es in den Bauchmuskeln spannt, wie sich der Bauch nach außen wölbt ... (siehe Abb. 9).

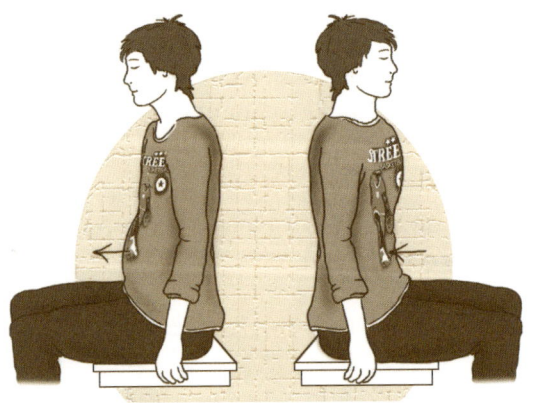

Abbildung 9

Entspannung (etwa 30 Sekunden): Und jetzt wieder ganz loslassen. Die Bauchmuskeln können sich voll lösen und ganz weich sein. Spüre das angenehme Gefühl, wenn sich die Muskeln lockern und lösen. Vielleicht kannst du noch ein wenig mehr loslassen ...

Und noch einmal zu den Bauchmuskeln.

ANSPANNUNG (etwa 5 bis 10 Sekunden): Spanne deine Bauchmuskeln dadurch an, dass du den Bauch nach innen ziehst, als ob du eine enge Hose zukriegen wolltest. Achte auf das Spannungsgefühl in den Bauchmuskeln ...

Entspannung (etwa 30 Sekunden): Lasse ganz locker. Erlaube deinen Bauchmuskeln, sich voll zu lösen, ganz locker und weich zu sein. Achte auf das angenehme Gefühl und genieße die Lockerung und Lösung der Bauchmuskeln ...

▶ Rücken

Nun wende dich deinem Rücken zu. Wie fühlt es sich im Moment im Rücken an?

ANSPANNUNG (etwa 5 bis 10 Sekunden): Spanne die Rückenmuskeln an, mache dich ganz gerade und ziehe die Schulterblätter nach hinten zur Wirbelsäule hin zusammen. Spüre, wie es in den Rückenmuskeln spannt, wie sie ganz fest sind ...

Entspannung (etwa 30 Sekunden): Jetzt die Spannung wieder voll loslassen. Lasse ganz locker. Erlaube den Rückenmuskeln, sich voll zu lösen. Achte auf das angenehme Gefühl, wenn sich die Rückenmuskeln lockern, lösen und ganz weich sind ...

Genieße das angenehme Gefühl der lockeren und gelösten Muskeln im Bereich von Brust ..., Bauch ... und Rücken ... Achte auch auf feine Veränderungen und spüre die Entspannung ganz bewusst.

An dieser Stelle kannst du mit den Übungen aufhören oder auch weitermachen. Wenn du aufhören willst, machst du Folgendes:

- *Arme mehrmals fest anbeugen, recken, strecken, rekeln,*
- *gut durchatmen,*
- *Augen auf.*

4. Übungsteil: Entspannung der Beine

▶ Oberschenkel und Gesäßmuskeln

Wende dich nun bitte deinen Beinen zu. Wie fühlen sie sich in diesem Moment an?

ANSPANNUNG (etwa 5 bis 10 Sekunden): Spanne deine Gesäß- und Oberschenkelmuskeln an. Kneife die Pobacken zusammen und mache die Oberschenkelmuskeln hart. Achte darauf, wie es in den Muskeln spannt, wie sie fest und hart sind ...

Entspannung (etwa 30 Sekunden): Jetzt wieder voll loslassen. Die Beine finden in eine ganz bequeme und lockere Haltung zurück. Spüre und genieße das angenehm lockere und gelöste Gefühl in den Gesäß- und Oberschenkelmuskeln. Lasse dir etwas Zeit, dass sich die Muskeln vielleicht noch ein wenig mehr lockern können. Lasse ganz los ...

▶ Unterschenkel

Nun weiter zu den Unterschenkeln. Wie fühlt es sich in deinen Unterschenkeln an?

ANSPANNUNG (etwa 5 bis 10 Sekunden): Lasse die Beine so liegen, wie sie liegen, und ziehe die Zehenspitzen und Füße nach oben in Richtung Gesicht (siehe Abb. 10). Achte darauf, wie es in deinen Unterschenkeln spannt, wie es hart und fest ist. Spüre das Spannungsgefühl in den Muskeln ...

Entspannung (etwa 30 Sekunden): Und jetzt wieder voll loslassen. Die Beine ganz bequem und locker liegen lassen. Wie fühlen sich die Unterschenkel nun an, wenn du ganz loslässt, ganz locker lässt? Spüre und genieße das angenehme Gefühl in den Unterschenkeln, wenn sich die Muskeln lockern und lösen ...

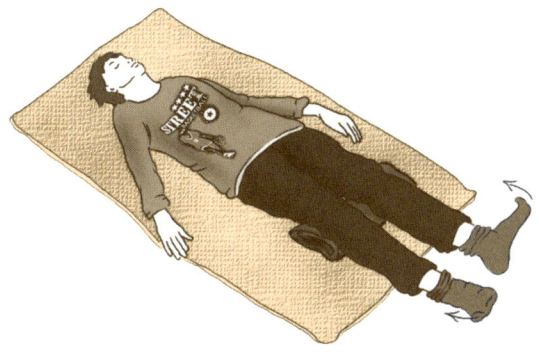

Abbildung 10: Jugendlicher liegend, Zehenspitzen und Füße anziehend

▶ **Füße**

Nun wende dich deinen Füßen zu. Wie fühlen sich die Füße im Moment an?

ANSPANNUNG (etwa 5 bis 10 Sekunden): Rolle deine Zehen vorsichtig nach unten, ohne dabei zu verkrampfen, als ob du mit den Zehen einen Bleistift aufheben wolltest. Achte darauf, wie es in den Füßen spannt und fest ist...

Entspannung (etwa 30 Sekunden): Jetzt lasse wieder voll los. Erlaube deinen Füßen, sich ganz zu lösen und zu lockern. Spüre und genieße das angenehme Gefühl, wenn sich die Muskeln lockern und lösen ...

Spüre, wie sich der Körper Muskelgruppe für Muskelgruppe mehr und mehr gelöst und gelockert hat ... Spüre und genieße die angenehme Entspannung ...

Du kannst dich vielleicht noch etwas mehr entspannen, indem du die verschiedenen Körperbereiche im Geiste noch einmal durchgehst. Achte zunächst noch einmal auf die Füße. Wie fühlt es sich hier an ...? Weiter zu den Unterschenkeln. Was spürst du hier ... ? Wie ist es in den Oberschenkeln ...? Spüre die Gesäßmuskeln. Wie fühlt es sich hier an ...? Wie fühlt es sich im

Bereich der Bauchmuskeln an ...? Weiter zum Rücken. Was spürst du hier ...? Wie ist es im Bereich der Schultern ...? Wie fühlt sich der Nacken an ...? Wie ist es im Gesicht? Im Bereich der Stirn ..., der Augen ..., der Wangen ..., der Kiefermuskeln ..., des Mundes ...? Weiter zu den Oberarmen. Wie fühlen sie sich an? ... Wie fühlen sich die Unterarme an ...? Und schließlich die Hände: Wie fühlt es sich hier an ...?

Die Entspannung kann sich mehr und mehr ausdehnen und tiefer und tiefer werden.

An dieser Stelle kannst du mit den Übungen aufhören. Du kannst aber auch weiter in der Entspannung bleiben und sie durch eine »Reise durch den Körper« (S. 107) intensivieren. Wenn du aufhören willst, machst du Folgendes:

- *Arme mehrmals fest anbeugen, recken, strecken, rekeln,*
- *gut durchatmen,*
- *Augen auf.*

Wie das Entspannungs-erlebnis intensiviert werden kann

Je nach Bedürfnis und zur Verfügung stehender Zeit können Kinder und Jugendliche länger oder kürzer in dem Ruhezustand bleiben. Da Kinder meist ein sehr gutes Vorstellungsvermögen mitbringen, kann das Entspannungserlebnis mit Hilfe von geeigneten Vorstellungsübungen deutlich intensiviert werden.

»Reise durch den Körper«

Eine Möglichkeit der Vertiefung der Entspannung liegt darin, in der Vorstellung noch einmal die einbezogenen Muskelgruppen durchzugehen. Dabei kann man sich die Entspannung der Muskeln erneut bewusst machen und eventuell noch etwas mehr loslassen. Ein entsprechender Anleitungstext für diese »Reise durch den Körper« bildet den Schlussteil der oben vorgestellten Übungsprogramme.

Entspannungsvertiefung durch Ruhebilder

Für Kinder und Jugendliche ist es meist kein Problem, sich etwas bildhaft vorzustellen, das sie mit Ruhe und Entspannung verbinden. Durch derartige Ruhevorstellungen kann das Ruhe-erlebnis oft zusätzlich vertieft werden. In einer Gruppe oder im Einzelkontakt können Kinder und Jugendliche zu Erlebnissen, Situationen und Vorstellungen befragt werden, die sie mit Ruhe in Verbindung bringen. In einer Gruppe regen sich die Kinder durch ihre Berichte meist gegenseitig dazu an, Ideen für Ruhe-bilder zu entwickeln. Hierzu können Erlebnisse in der Natur gehören, wie beispielsweise ein Spaziergang im Wald, Sonne, Strand und Meer, ein Sonnenuntergang oder eine Wiese mit Blumen. Aber natürlich werden auch andere Vorstellungen genannt. Kinder und Jugendliche berichten über die unterschiedlichsten persönlichen Ruhebilder: Erlebnisse in den Ferien, das eigene Bett, bestimmte nahe stehende Personen, Atmosphäre in einer Kirche, Aquarium, schlafendes Tier, Rumhängen und Nichtstun, Angeln, auf einer Wiese liegen und in die Wolken schauen, in einem Boot liegen und sich von den Wellen schaukeln lassen usw.

Es gibt keine allgemein gültigen Ruhebilder. Jeder hat seine individuellen Vorstellungen davon, was als beruhigend und wohltuend erlebt wird. Häufig wirkt bereits das »Sammeln« von Ruhebildern in der Gruppe deutlich beruhigend, da diese Vorstellungen auf das Erleben der Kinder und Jugendlichen ausstrahlen. Daher ist das Gespräch über Ruheerlebnisse bereits eine günstige Einstimmung auf die Übungen. Um das Gespräch in Gang zu bringen, kann der Gruppenleiter beispielsweise eigene Erfahrungen mitteilen oder über die Einfälle anderer Kinder und Jugendlicher berichten. Auch Bildmaterial wie zum Beispiel Kalenderfotos oder Bildbände über die Schönheiten der Natur können eine Einstimmungshilfe sein.

Ruhevorstellungen und Ruhebilder können eine gute Vorbereitung auf die Übungen sein, da sie bereits eine gewisse Ruhe ausstrahlen und Grübeleien sowie ablenkende Gedanken »überblenden« können. Gegen Ende der Übungen vor der Zurücknahme kann die Vorstellung des Ruhebildes das Entspannungserleben noch vertiefen. Häufig kristallisiert sich mit der Zeit ein bestimmtes individuelles Ruhebild heraus. Indem die Kinder und Jugendlichen lernen, sich auf »ihr« Ruhebild auch in Alltagssituationen zu besinnen und dadurch zu entspannen, besitzen sie eine Möglichkeit zur aktiven Stressbewältigung.

Übung mit einem bestimmten Ruhebild

Eine Möglichkeit der Nutzung eines gefundenen Ruhebildes besteht darin, am Ende der Übung vor der Zurücknahme sich direkt auf diese Vorstellung zu konzentrieren. Hierfür kann beispielsweise folgender Text zur Anleitung dienen:

»Wie sich die Muskeln mehr und mehr gelöst und gelockert haben, kann es auch sein, dass der Geist ruhiger und stiller geworden ist. Vielleicht vertieft sich deine Entspannung noch mehr, wenn du dir jetzt dein Ruhebild oder Ruheerlebnis vorstellst.«

Entstehenlassen eines Ruhebildes in der Entspannung

Ein noch günstigerer Weg besteht darin, die Kinder und Jugendlichen dazu einzuladen, das Vorstellungsbild in der Ruhephase entstehen zu lassen. Vielleicht entwickelt sich spontan die zuvor gefundene Vorstellung, aber häufig entstehen auch andere, oft überraschende Einfälle. Eine weitere Möglichkeit der Vertiefung des Ruhezustandes besteht darin, verschiedene Sinnesmodalitäten, also Sehen, Hören, Riechen und Körperempfindungen, in die Ruhevorstellung einzubeziehen.

Anleitungstext zu einem Ruhebild

»Vielleicht möchtest du auch ein Ruhebild oder eine Ruhevorstellung im Geiste entstehen lassen. Was bedeutet für dich Ruhe und Wohlbefinden ...? Wo erlebst du Ruhe oder hast du Ruhe erlebt ...? Vielleicht entsteht in dir ein Bild oder eine Vorstellung oder eine Erinnerung ... Es kann ein Bild oder eine Situation aus der Natur sein oder es kann mit Menschen zusammenhängen ... Es kann dem Augenblick entstammen oder auch länger zurückliegen ... Vielleicht wird deine Ruhevorstellung auch deutlicher und deutlicher ... Welche Farben und Formen gehören dazu? ... Gibt es Geräusche, die mit dieser Situation verbunden sind? ... Gibt es Gerüche, die zu dieser Situation gehören? ... Gibt es bestimmte Körperempfindungen wie beispielsweise das Spüren eines angenehm kühlen Lufthauches auf der Stirn oder im Gesicht? ...
Vielleicht wird die Vorstellung und die damit verbundene Ruhe und das Wohlbefinden immer deutlicher und deutlicher ... Spüre die angenehme Ruhe ...

Allerdings ist zu beachten, dass es nicht jedes Kind oder jeder Jugendliche als hilfreich erlebt, mit Ruhebildern zu üben. Deshalb ist es wichtig zu betonen: Ruhebilder können eine

Hilfe sein, aber man muss nicht damit üben. Manche Kinder empfinden es als angenehm, einfach ohne bestimmte Vorstellungen die vertiefte Ruhe zu genießen. Diese Haltung entspricht übrigens auch der ursprünglichen Vorstellung von Jacobson, da er als Ziel eher einen »vorstellungslosen« Ruhezustand ansah.

Wie der Lernprozess gefördert werden kann

Zum Umgang mit individuellen Bedürfnissen und Besonderheiten

Die Vermittlung der Progressiven Relaxation an Kinder und Jugendliche sollte sich an deren individuellen Bedürfnissen und Besonderheiten orientieren und nicht schematisch erfolgen. Experimentieren ist hier geradezu zu empfehlen, um herauszubekommen, was den Vorstellungen des jeweiligen Kindes oder Jugendlichen entspricht. Es bieten sich verschiedene Tageszeiten und verschiedene Situationen an. Wahrscheinlich wird sich herausstellen, dass bestimmte Zeiten und Situationen für das Training geeigneter sind als andere. Vor allem zu Beginn des Trainings ist es von Vorteil, in Situationen zu üben, die dem Training entgegenkommen. Nicht selten kommt es vor, dass sich Kinder und Jugendliche beispielsweise nach einem großen Ärger oder einer anderen starken Aufregung mit dem Training nicht entspannen können. Es wäre nun aber völlig falsch, daraus zu schließen, dass das Training »nichts bringt«.

> ### Trainings-Regel 1
> Zu Beginn ist es zunächst einmal wichtig, mit den Übungen wirklich gut vertraut zu werden. Bevor man sich mit der Progressiven Entspannung auch in Aufregungs- und Belastungssituationen gut entspannen kann, dauert es in aller Regel eine gewisse Zeit.

Obwohl das Vertrautwerden mit der Progressiven Relaxation im Vergleich zum Autogenen Training schneller geht, kann dies doch einige Wochen benötigen. Es ist vergleichbar mit dem

Schwimmenlernen: Der Nichtschwimmer wird im stillen und flachen Wasser zu üben beginnen – erst wenn er mehr Erfahrung hat, wagt er sich auch in das tiefe und strömende Wasser. Würde er gleich mit dem tiefen Wasser anfangen, käme das einer Überforderung gleich. So geht es auch bei der Progressiven Relaxation darum, mit dem Training allmählich vertraut zu werden, bevor man sich mit Gewinn in »schwierige« Situationen begibt. Daher ist es in der Kennenlernphase des Trainings sinnvoll, vor allem in »günstigen« Situationen, die der Entspannung entgegenkommen, zu üben. Wie oben bereits erwähnt, ist es beispielsweise vorteilhaft, dass sich Kinder und Jugendliche vor den Übungen zunächst einmal körperlich abreagieren und etwa in Bewegungsspielen, Sport oder Gymnastik »austoben«. Auch sollten unmittelbar vor dem Üben keine Konflikte oder Streitigkeiten aufgetreten sein. Derartige Spannungen sollten zunächst möglichst gelöst werden (siehe Seite 58f.).

Eine andere problematische Einstellung zum Training besteht darin, dass nach dem Erlernen des Trainings nur dann geübt wird, wenn »es nötig ist« – Kinder oder Jugendliche also nur üben, wenn sie sich in einer Aufregungssituation befinden. Diese Vorgehensweise ist jedoch kaum Erfolg versprechend. Es ist wenig wahrscheinlich, dass man bei geringer Übungserfahrung nun gerade in starken Aufregungssituationen einen vertieften Ruhezustand erreichen kann. Es ist sicher einen Versuch wert, aber man sollte bei einem nicht überzeugenden Ergebnis den Fehler nicht in der Methode, sondern in der Art und Weise der Anwendung suchen. Im Übrigen soll noch einmal an das eingangs Gesagte erinnert werden:

Trainings-Regel 2

Die günstige Wirkung der Progressiven Relaxation auf die Gesundheit liegt im langfristigen, regelmäßigen Training, nicht in der einzelnen Übung.

Kinder und Jugendliche, die regelmäßig Entspannungstraining üben und damit mehr Gelassenheit entwickeln, bleiben in Belastungssituationen ruhiger und können angemessener reagieren als andere, die vielleicht auf Grund vorausgegangener Aufregungen schon sehr aufgebracht sind. Dieser vorbeugende Aspekt des Entspannungstrainings ist in Hinblick auf eine Verbesserung der Fähigkeit zur Stressbewältigung sehr wertvoll. Durch längerfristiges, regelmäßiges Üben kann außerdem die Entspannungsreaktion derart »eingeschliffen« werden, dass dann auch in starken Aufregungssituationen mit besseren Ergebnissen geübt werden kann.

Trainings-Regel 3

Die einzelne Übung, etwa in oder nach Aufregungssituationen, kann nur dann hilfreich sein, wenn sie in ein regelmäßiges Üben auch in günstigen Situationen eingebettet ist.

Bei ausgeprägter innerer Unruhe sowie Neigung zu Hyperaktivität und Selbstüberforderung ist der Einsatz der Progressiven Relaxation besonders zu empfehlen. Es entsteht allerdings leicht das Dilemma, dass in diesen Fällen ein kurzfristiger »Erfolg« erwartet wird, obwohl gerade bei Kindern und Jugendlichen, die die genannten Symptome zeigen, oft besondere Geduld erforderlich ist. Meistens baut sich eine Erwartungsspannung auf, die dem Üben abträglich ist: Man ist dann gespannt auf die Entspannung. Außerdem ist bei sehr impulsiven und hyperaktiven Kindern und Jugendlichen häufig auch eine relativ geringe Sensibilität gegenüber den mit der Entspannung auftretenden körperlichen Veränderungen festzustellen. Ihnen werden die relativ feinen körperlichen und seelischen Befindensveränderungen in der Entspannung anfangs oft nur unzureichend bewusst.

Trainings-Regel 4

Insbesondere impulsiven und hyperaktiven Kindern und Jugendlichen sollte vermittelt werden, das Üben an sich als wichtig zu erachten, nicht das zu erzielende Ergebnis.

Durch den Einsatz des Entspannungstrainings nimmt die möglicherweise herabgesetzte Aufmerksamkeit für die individuellen körperlichen und seelischen Empfindungen im Lauf der Zeit (wieder) zu. Dies konnte ich in entsprechenden Untersuchungen feststellen. Die verbesserte Selbstaufmerksamkeit ist als sehr günstig anzusehen, da durch eine erhöhte Empfindlichkeit für körperliche und psychische Vorgänge auch Stressbelastungen eher bewusst werden. Dies ist wiederum die Voraussetzung dafür, Überforderungssituationen zu vermeiden oder sie abzubauen.

Die Erfahrung, dass durch Entspannungstraining die Selbstaufmerksamkeit gesteigert werden kann, ist also in vielen Fällen sehr günstig zu beurteilen, da auf diese Weise ein möglicher Mangel längerfristig ausgeglichen werden kann. Aber wie ist dieser Effekt in Hinblick auf eher unsichere und ängstliche Kinder und Jugendliche zu beurteilen, die sich selbst übergenau beobachten? Ist in diesen Fällen eine Verstärkung der ängstlichen Selbstbeobachtung zu befürchten?

Zwar können zu Beginn des Trainings Irritationen auftreten, diese lassen sich aber in aller Regel durch ein Besprechen der Problematik, durch geeignete Informationen und durch wiederholtes Üben abbauen. Das Entspannungstraining trägt in aller Regel dazu bei, dass ein eventuell erschüttertes Vertrauen in die körperlichen Funktionen gestärkt wird.

Körperängste und psychovegetative Beschwerden

Leider nehmen manche Kinder und Jugendliche ihren Körper nur dann bewusst wahr, wenn etwas »weh« tut. So kann leicht eine ängstliche und misstrauische Haltung dem eigenen Körper gegenüber entstehen. Durch regelmäßiges Üben mit Progressiver Relaxation lernen sich Kinder und Jugendliche in einer angenehmen Ruhesituation kennen und können ein mit der Zeit zunehmend besseres körperliches und seelisches Wohlbefinden entwickeln. Die positiven Erfahrungen mit der Entspannung helfen auch, ein gesundes Selbstvertrauen aufzubauen. Dieser Aspekt ist sehr wichtig, denn insbesondere viele

»nervöse« Störungen (Beschwerden, bei denen keine organische Ursachen gefunden werden können) kommen dadurch zustande oder werden dadurch verstärkt, dass ein Kind oder Jugendlicher sein Vertrauen in die Selbstregulation seiner Körperfunktionen verloren hat. Durch ängstliche Selbstbeobachtung wird dann versucht, mehr oder weniger bewusst ein entsprechendes Organ zu »kontrollieren«. Aber genau das – eine angespannte und ängstliche Haltung gegenüber den eigenen körperlichen Vorgängen – ruft neue oder erst recht Störungen in den Regelfunktionen des vegetativen Nervensystems hervor, so dass ein »Teufelskreis« entsteht. Durch die ängstliche und angespannte Beobachtung beispielsweise der Herzfunktion werden Missempfindungen harmloser Art überinterpretiert. Die ängstliche Selbstbeobachtung verstärkt sich und die Missempfindungen nehmen zu. Durch das Entspannungstraining können Kinder und Jugendliche lernen, welche Empfindungen »normal« sind und wie angenehm die Wahrnehmung dieser Vorgänge sein kann. Ist das Vertrauen in den eigenen Körper (wieder-)hergestellt, entzerrt sich die Wahrnehmung und entsprechende Beschwerden können abklingen.

Die Progressive Relaxation im Alltag

> ### »Es gibt nichts Gutes, außer man tut es.«
> **Erich Kästner (1899–1974)**

Da die gesundheitlich positive Wirkung des Entspannungstrainings vor allem auf dem längerfristigen, regelmäßigen Üben beruht, sollte das Training am besten täglich ein- bis dreimal praktiziert werden. Manche Kursleiter sind der Ansicht, dass das Training nach einigen Monaten täglichen Übens nur noch von Zeit zu Zeit aufgefrischt werden braucht, um vor allem in Belastungssituationen trainieren zu können. Ich empfehle dagegen, generell täglich zu üben. Der Wert des Trainings entfaltet sich erst vollständig nach längerer Übungsdauer und ist vor allem in der vorbeugenden günstigen Wirkung auf die Bewältigung von Belastungen zu sehen. Es ist natürlich möglich, im

Zuge wachsender Vertrautheit mit dem Training auf die Kurz-formen überzugehen (falls mit der Langform angefangen wur-de) oder bestimmte Übungen auszuwählen und so die Übungs-zeit zu verkürzen.

▶ **Alltagstaugliches Training**

Sicher ist es besonders angenehm, wenn die Gelegenheit be-steht, in einem ruhigen Raum ungestört zu sein. Aber wie bereits oben beschrieben, ist dies keine Voraussetzung für das Üben. Im Gegenteil sollten Kinder und Jugendliche mit dem Gedanken vertraut gemacht werden, auch in »ungünstigen« Situationen üben zu können, wenn sich beispielsweise Geräu-sche (Verkehrslärm, Stimmen usw.) nicht vollständig ausschal-ten lassen. Nur wenn wir uns darauf einstellen, auch unter nicht optimalen Bedingungen üben zu können, sind wir in der Lage, unser Training wirklich in den Alltag zu integrieren. Besonders die Möglichkeit, »zwischendurch« im Sitzen kurz zu üben, um sich vom Alltagsstress zu erholen, ist gesundheitlich sehr vorteilhaft. Denn damit steht Kindern und Jugendlichen eine günstige Art der Stressbewältigung jederzeit zur Verfü-gung.

▶ **Differentielle Entspannung: »Mit einem Minimum an Aufwand ein Maximum an Leistung«**

Möglicherweise noch nicht mit Achtjährigen, aber mit älteren Kindern und Jugendlichen kann auch folgender Aspekt bespro-chen werden: Neben dem regelmäßigen Praktizieren der Übun-gen sollten sie versuchen, Entspannung in möglichst weiten Bereichen ihres Lebens wirksam werden zu lassen. Es ist güns-tig, in jeder Situation auf eine entspannte Haltung zu achten. Dieser Punkt ist sehr wichtig, denn durch den Aufbau einer generellen Gelassenheit wird die Wirksamkeit des Trainings stark gesteigert. Jacobson spricht in diesem Zusammenhang von »differentieller Entspannung«.

Die differentielle Entspannung

Im Unterschied zur generellen Entspannung bei den »regulären« Übungen geht es bei der differentiellen Entspannung um eine Ökonomisierung aller Aktivitäten. Dabei könnte das Motto lauten: »Mit einem Minimum an Aufwand ein Maximum an Leistung.« Es geht darum, nur die für eine bestimmte Aktivität notwendige Muskulatur anzuspannen und die übrigen Muskeln entspannt zu lassen. Durch das regelmäßige Training wird die Fähigkeit verbessert, die mit Spannung und Entspannung verbundenen körperlichen Veränderungen genau wahrzunehmen.

Das Bemerken muskulärer Verspannung ist die Voraussetzung dafür, dass man loslassen und sich entspannen kann. Diese Fähigkeit zur Wahrnehmung von Verspannungen sollte man daher bewusst schulen. Dies kann man beispielsweise dadurch tun, dass man von Zeit zu Zeit innehält und einmal überprüft: »Wie sitze oder stehe ich?« Wenn man eine kurze Pause macht oder wartet, kann man die in das Training einbezogenen Muskelgruppen im Geiste durchgehen und sich den Spannungszustand bewusst machen. Vielleicht lässt sich dann eine bequemere Haltung finden und eventuell vorhandene Spannungen loslassen. Beispielsweise kann sich bei einer solchen Prüfung ergeben, dass die Fäuste geballt, die Schultern etwas hochgezogen und die Füße angespannt sind. Wenn ich nun diese Spannungen bewusst löse, ist dies ein konkreter Schritt in Richtung auf mehr Gelassenheit. Mit einiger Übung lässt sich dieses Vorgehen nicht nur in »günstigen« Situationen, also beispielsweise in einer Pause, sondern auch während bestimmter Aktivitäten durchführen. So können Kinder oder Jugendliche, während sie in der Schule der Lehrerin zuhören, sich den Spannungsgrad ihrer Muskeln in der beschriebenen Weise bewusst machen und sich dann gegebenenfalls stärker entspannen.

Wie bereits oben beschrieben, spielt die differentielle Entspannung nicht nur für die Stressbewältigung eine wichtige Rolle. Viele Sportler erhöhen ihre Leistungsfähigkeit dadurch, dass sie lernen, nur die für die jeweilige Bewegung notwendige Muskulatur anzuspannen. Neben einer Ökonomisierung der Bewegungen kommt es zu einer größeren »Geschmeidigkeit«, wodurch Kräfte gespart, Verkrampfungen vermieden und Verletzungsgefahren verringert werden.

Progressive Relaxation gemeinsam üben

Die Progressive Relaxation wird von Kinder- und Jugendlichen-Therapeuten in kleinen Gruppen von etwa drei bis acht Kindern und Jugendlichen oder in Einzelanwendungen vermittelt. Im schulischen oder sportlichen Bereich können die Gruppen auch etwas größer sein. Allerdings ist es wichtig, dass auf jedes Kind oder jeden Jugendlichen individuell eingegangen werden kann.

Auch im häuslichen Bereich kann das gemeinsame Üben vor allem zu Beginn des Trainings günstig sein und die Motivation stärken. Vielleicht besteht die Möglichkeit, dass sich Kinder und Jugendliche, die sich aus einem Kurs kennen, zu gemeinsamen Übungen treffen. Allerdings wird sich dies erfahrungsgemäß noch nicht bei Achtjährigen, sondern erst bei älteren Kindern realisieren lassen.

Insbesondere bei jüngeren Kindern kann das gemeinsame Üben mit den Eltern und vielleicht auch Geschwistern sehr vorteilhaft sein. Dieses gemeinsame Üben ist manchmal sogar eine Voraussetzung dafür, dass Kinder die Übungen überhaupt regelmäßig durchführen. Für sich allein sind sie oft nicht bereit, die Entspannungsübungen zu praktizieren. Erst wenn die Mutter oder der Vater gemeinsam mit ihnen üben, lassen sie sich auf das Training ein. In diesen Fällen sind die Eltern für sie positive Modelle, die ihnen den Wert der Methode praktisch demonstrieren. Andernfalls kann es sein, dass die Kinder sich abgeschoben fühlen oder die Übungen sogar als eine Art »Strafarbeit« empfinden.

Natürlich profitieren nicht nur Kinder, sondern auch die Eltern von den Übungen der Progressiven Relaxation. Nicht selten wirken sich Stressbelastungen, denen die Eltern ausgesetzt sind, schädlich auf die Kinder aus. Kinder sind oft sehr empfindliche »Seismographen«, die Spannungen, Unzufriedenheiten und Konflikte in der Familie durch Symptome zum Ausdruck bringen können. Besonders bei Befindens- und Entwicklungsstörungen von Kindern und Jugendlichen ist es daher wichtig, die gesamte Familie als System im Blick zu haben. Oft bringen Kinder und Jugendliche durch ihre Symptome Probleme zum Ausdruck, die die gesamte Familie betreffen. Daher ist es auch unter diesem Gesichtspunkt wichtig, dass nicht nur ein Kind oder Jugendlicher etwas für sich tut, sondern dass möglichst alle Familienmitglieder ihre Entspannungsfähigkeit verbessern. Selbstverständlich darf die Progressive Relaxation bei bestehenden innerfamiliären Spannungen und Konflikten nicht als alleiniges »Patentrezept« angesehen werden. Aber sie ist sicher ein geeigneter Schritt, um Spannungen und Belastungen abzubauen. Bei schwer wiegenden familiären Konflikten und Spannungen sollte auf jeden Fall zusätzlich fachlicher Rat eingeholt werden. Diesen bekommt man bei Ehe-, Familien-, Lebens- sowie Erziehungsberatungsstellen. Außerdem können Kinder- und Jugendlichen-Psychotherapeuten helfen.

Beispiel

Der achtjährige Niko hat Probleme in der Schule. Die Mutter erfährt vom Lehrer, dass Niko sich nur schwer auf den Unterricht konzentrieren kann und sehr leicht abgelenkt ist. Er wirkt sehr unruhig und ungeduldig. Seine Konzentrationsschwäche hat dazu geführt, dass er in den Leistungen stark zurückhängt und dass seine Versetzung gefährdet ist. Für die Mutter ist das eine weitere sie sehr belastende Nachricht. In ihrem Beruf, den sie halbtags ausübt, gibt es viel Ärger und Distress. Sie sieht sich seit einiger Zeit ungerechtfertigten Anschuldigungen ausgesetzt, was sie als »Mobbing« empfindet. Ihr Mann hat wegen starker beruflicher Belastungen und vielen Überstunden kaum Zeit für die Familie. Da sich Nikos Mutter vom Vater allein gelassen und völlig überfordert fühlt, gibt es auch häufig zwischen den Eltern Streit. In dieser Situation ist es für die Mutter sehr schwer, nun auch noch mit Niko für die Schule zu üben und Stoff zu wiederholen. Sie wird sehr schnell ungeduldig, wenn Niko mal wieder mit den

Gedanken ganz woanders ist oder die »leichtesten Sachen nicht kapieren will«. Wenn sie dann beginnt, laut mit Niko zu schimpfen, wird er »bockig« oder fängt an zu weinen. Dann geht gar nichts mehr. Die familiären Konflikte und Spannungen eskalieren immer stärker und Nikos Schulprobleme werden immer größer. Außerdem klagt er häufig über Kopf- und Bauchschmerzen. Der Kinderarzt findet keine organischen Ursachen für Nikos Beschwerden. Er empfiehlt der Familie schließlich, Hilfe bei einer Beratungsstelle für Ehe-, Familien- und Lebensfragen zu suchen. Bei den Gesprächen mit der Familie kommt heraus, dass der Vater sich bereit erklärt, die Mutter stärker zu entlasten und mehr Verantwortung für die Kindererziehung zu übernehmen. Außerdem erlernen alle Familienmitglieder die Progressive Relaxation. Bevor die Eltern nun abwechselnd mit Niko für die Schule üben, entspannen sie sich gemeinsam mit ihm durch Progressive Relaxation. Hierzu nutzen sie das Entspannungstraining der CD »Progressive Relaxation für Kids« (Ohm, 1999; siehe auch »Übungshilfen« S. 123). Sie üben mit der Entspannungsgeschichte »Abenteuer in der Südsee«, die Niko so gut gefällt. Die Mutter ist sehr erstaunt darüber, dass sich die gemeinsamen Schularbeiten nun ganz anders gestalten. Sowohl Niko als auch sie gehen mit viel größerer Gelassenheit an die Aufgaben heran. Es gelingt ihr, ruhig zu bleiben, wenn Niko eine Aufgabe auch bei der zweiten Erklärung noch nicht verstanden hat. Aber am meisten verblüfft es sie, dass Niko jetzt vieles bereits beim ersten Anlauf versteht und deutlich konzentrierter bei den Aufgaben ist.

Übungsprotokolle als Hilfe beim Erlernen des Entspannungstrainings

Eine wertvolle Hilfe zum Erlernen der Progressiven Relaxation kann in der regelmäßigen Protokollierung der Übungen und der erlebten Wirkungen bestehen. Ein entsprechender Protokollbogen ist weiter unten abgebildet.

Wie wirkt die Progressive Entspannung bei dir?

Name:_____ Datum:_____

Bitte beurteile am besten sofort nach jeder Übung, wie die Progressive Entspannung bei dir gewirkt hat. Drücke die Wirkungen auf die verschiedenen Körperbereiche mit Hilfe von Zahlen von −3 bis +3 aus. Die Zahlen bedeuten Folgendes:

0 = keine Wirkung

+1 = etwas angenehm   −1 = etwas unangenehm
+2 = gute Wirkung   −2 = ziemlich unangenehm
+3 = sehr gute Wirkung   −3 = sehr unangenehm

Datum Uhrzeit	Arme	Schultern Nacken	Gesicht	Rücken	Bauch- muskeln	Beine	Bemerkungen Besonderheiten

Wie bereits erwähnt, sind ein bis drei tägliche Übungen empfehlenswert. Jede Übung wird auf dem Bogen mit Datum und
Uhrzeit vermerkt, so dass der Übungsverlauf nachvollzogen
werden kann. Die Wirkungen der jeweiligen Übung können
mit Hilfe von Zahlen einer Beurteilungsskala von –3 bis +3 für
folgende Körperregionen eingeschätzt werden: Arme, Schul-
tern/Nacken, Gesicht, Rücken, Bauchmuskeln und Beine. Dabei
bedeutet –3 eine stark negative und +3 eine stark positive
Wirkung. Eine leichte oder deutliche Wirkung kann durch die
Zahlen +1, +2 oder –1, –2 beschrieben werden. Keine festzustel-
lende Wirkung wird durch die Zahl 0 ausgedrückt. Außerdem
besteht die Möglichkeit, besondere Erfahrungen beim Üben auf
dem Bogen stichwortartig festzuhalten.

Dieser Protokollbogen eignet sich für Kinder und Jugendliche
ab ca. 10 Jahren. Falls zusammen mit den Eltern geübt wird,
kann er ebenfalls gemeinsam ausgefüllt werden. Dabei erleichtert es das Ausfüllen, wenn zuerst die Übungserlebnisse bespro-
chen und danach protokolliert werden. Bei jüngeren Kindern,
die die Protokollierung noch nicht allein durchführen können
oder wollen, können die Eltern oder gegebenenfalls auch Therapeuten die Kinder befragen und dann entsprechend protokollieren.

Welche Vorteile bietet die Protokollierung der Übungswirkungen?

● Das Protokollieren hilft vor allem in der Anfangszeit des Trainings, an das regelmäßige Üben zu denken, und unterstützt damit
den Übungsfortschritt.

● Es kann interessant sein, die Übungserlebnisse über eine gewisse Zeit zu dokumentieren, um den Übungsverlauf verfolgen zu
können.

● Auf dem Bogen festgehaltene Auffälligkeiten bei den Übungen
und auftretende Probleme können am besten in einem Kurs für
das Entspannungstraining mit der Leiterin oder dem Leiter bespro-
chen werden.

● Vielleicht ist festzustellen, dass unterschiedliche Tageszeiten oder Situationen zu unterschiedlichen Übungserlebnissen führen.

● Möglicherweise sind »günstigere« und »ungünstigere« Übungszeiten identifizierbar.

● Für die Kursleiter bieten die ausgefüllten Protokollbögen eine wichtige Rückmeldung über den Übungsfortschritt und eventuell auftauchende Probleme der Teilnehmer. Diese Informationen können dabei helfen, den Kurs auf die Bedürfnisse der Teilnehmer möglichst optimal abzustimmen.

Der Bogen wird am besten direkt nach der jeweiligen Übung ausgefüllt, da das Übungserlebnis dann noch plastisch vor Augen ist und auch Besonderheiten vermerkt werden können, die ansonsten leicht in Vergessenheit geraten.

In Studien mit mehreren hundert (erwachsenen) Teilnehmern an Entspannungstrainingskursen untersuchte Prof. Dr. Krampen von der Universität Trier die Effekte des Einsatzes von Protokollbögen auf den Lernerfolg. Es stellte sich heraus, dass Teilnehmer, die ihre Übungserlebnisse auf Protokollbögen protokollierten, über häufigere und regelmäßigere Übungen sowie über bessere Lernfortschritte berichteten. (Der hier abgedruckte Protokollbogen ähnelt dem von Prof. Krampen eingesetzten.) Allerdings empfanden auch einige (wenige) Teilnehmer die Aufforderung zur Protokollierung als belastend, so dass sie bereits während der Übung an das Ausfüllen des Bogens dachten und sich kaum entspannen konnten. In diesen seltenen Fällen ist natürlich von dem Einsatz des Protokollbogens abzuraten. Insgesamt betrachtet kann mit Hilfe der regelmäßigen Protokollierung der Übungserlebnisse in aller Regel der Lernerfolg verbessert werden. Diese Ergebnisse lassen sich zumindest auf Jugendliche übertragen. Aber auch bei Kindern bietet der Protokollbogen beim Erlernen der Progressiven Relaxation erfahrungsgemäß Vorteile, wenn er in der oben beschriebenen Weise eingesetzt wird.

Übungshilfen

Eine häufig auftauchende Frage in Kursen ist: »Wie sind Tonkassetten und CDs im Rahmen des Trainings zu bewerten?« Für Kinder und Jugendliche kann eine derartige Unterstützung tatsächlich eine wichtige Hilfe beim Erlernen und Praktizieren der Übungen sein. Warum ist das so? Dies liegt daran, dass Kinder und jüngere Jugendliche den Übungsablauf meist nicht im Gedächtnis behalten. Daher ist das selbstständige Üben zu Hause oft nur durch eine vorgesprochene Anleitung möglich. Der Entspannungstext kann natürlich auch von den Eltern vorgelesen werden. Durch das wiederholte gemeinsame Üben oder mit einem Tonträger wird der Übungsablauf zunehmend vertrauter, so dass die Übungen dann mit der Zeit auch allein vollzogen werden können.

Die günstigere, weil vielseitigere Möglichkeit ist sicher das *ungebundene* Üben. Wenn man nur mit Hilfe eines Tonträgers übt, ist die Alltagstauglichkeit der Methode eingeschränkt. Da man nicht immer die technische Ausrüstung dabei hat oder einsetzen kann, sind die Übungsmöglichkeiten auf bestimmte Situationen – meist im häuslichen Bereich – beschränkt. Ein Tonträger ist nur als eine Übungshilfe anzusehen, wobei als Ziel das selbstständige Üben angestrebt werden sollte. Dies ist allerdings in aller Regel nur besonders gut motivierten älteren Kindern und Jugendlichen möglich.

Eine vom Autor als Ergänzung zu diesem Buch herausgegebene CD mit dem Titel »Progressive Relaxation für Kids. Nur kein Stress: Wie du ganz easy durch jede uncoole Situation kommst« (TRIAS) kann in Ergänzung zu diesem Buch als Übungshilfe eingesetzt werden. Alle in diesem Buch wiedergegebenen Ansagetexte, von der Abenteuergeschichte bis zur Langform der Progressiven Relaxation, können mit dieser CD abgespielt werden. (Für Erwachsene gibt es vom Autor beim selben Verlag die CD »Stressfrei durch Progressive Relaxation«.)

▶ Einige Worte zur Hintergrundmusik

Manche Kinder und Jugendliche empfinden es als angenehm und entspannungsfördernd, eine beruhigende Musik im Hintergrund zu hören. Für sehr geräuschempfindliche und leicht ablenkbare Kinder und Jugendliche kann dies eine deutliche Hilfe sein, da dadurch Außengeräusche überblendet werden. Die Frage, welche Musik sich besonders eignet, ist allerdings nicht leicht zu beantworten, da der individuelle Geschmack und das Alter der Kinder und Jugendlichen natürlich eine große Rolle spielen. Wichtig ist, dass die Musik auf die Übenden beruhigend wirkt. Das einfache Einschalten des Radios stellt keine Hilfe dar, da bei den meisten Sendungen die Musik zu sehr wechselt und durch Wortbeiträge unterbrochen wird. Auch Kassetten und CDs mit Kinderliedern sind wenig geeignet, da der jeweilige Text vom Entspannungserleben ablenkt. Möglicherweise wirkt ruhige klassische Musik entspannend. Es gibt auch CDs mit speziell komponierter Entspannungsmusik.

> **Die folgenden Vorschläge sind als eine Anregung aufzufassen – wichtig ist das eigene Erleben:**
>
> Robert Schumann: Träumerei (Kinderszenen, op. 15)
> Johann Sebastian Bach: Air
> Ludwig van Beethoven: Mondscheinsonate,
>   1. Satz (Sonate Nr. 14, op. 27, Nr. 2)
> Eberhard Schoener: Music for Meditation (Ariola 62844)
> Terry Riley: A rainbow in curved air (CBS 64564)
> Martin Buntrock: Meer
> Martin Buntrock: Relax
> (Bezugsadresse: M. Buntrock, Braunfelder Allee 18, 46286 Dorsten)

Für Fortgeschrittene: Progressive Relaxation als mentales Training

Die im Folgenden beschriebene Weiterentwicklung des Trainings ist für Kinder in aller Regel zwar noch nicht geeignet, aber interessierten Jugendlichen durchaus möglich. Wer das Training nach einiger Übungszeit gut beherrscht – die Zeitdauer ist dabei individuell unterschiedlich –, kann zur Fortgeschrittenenstufe übergehen.

Hierbei wird das Anspannen der Muskelgruppen nicht tatsächlich, sondern nur in der Vorstellung durchgeführt. Ohne sich wirklich zu bewegen, stellt man sich die Anspannung der jeweiligen Muskelgruppe im Geiste nur vor, um sich anschließend auf die Empfindungen der Entspannung zu konzentrieren. Diese Übungsvariante kommt vor allem jenen Jugendlichen sehr entgegen, bei denen nach längerer Übungszeit das Training bereits »eingeschliffen« ist. In diesen Fällen kann es sein, dass das tatsächliche Anspannen als unnötig oder sogar als störend empfunden wird. Das Üben nur in der Vorstellung können wir auch als mentales Training bezeichnen.

Das mentale Training hat den Vorteil, dass es sich besser unter Alltagsbedingungen durchführen lässt. Wahrscheinlich werden nur wenige sich überwinden und das Grundtraining in Anwesenheit anderer, unvertrauter Personen üben. Beispielsweise nutze ich gerne während einer Bahnfahrt oder im Wartezimmer meines Arztes die Gelegenheit zum Entspannungstraining. Aber es wäre mir unangenehm, etwa die Gesichtsübung in Anwesenheit anderer zu machen. Das mentale Training bereitet mir in dieser Hinsicht jedoch keinerlei Probleme, da »von außen« lediglich zu sehen ist, dass ich die Augen geschlossen habe. Alles andere spielt sich in meiner Vorstellung ab.

Allerdings kann es zunächst ein Problem sein, sich Anspannung und Entspannung der Muskelgruppen »nur« vorzustellen. Aus diesem Grund empfiehlt der Diplom-Psychologe Helmut Brenner in seinem Buch »Entspannungstraining«[2] ein gestuftes Übungsvorgehen, um schließlich das mentale Training zu erreichen:

Mentales Training (nach Brenner)

Die Stufen des Mentalen Trainings im Einzelnen:

- leichte willkürliche An- und Entspannung,
- »innere« willkürliche An- und Entspannung, ohne dass dies äußerlich sichtbar wird,
- An- und Entspannung in der Vorstellung.

Eine leichte willkürliche An- und Entspannung praktiziert der Übende, wenn er mit verminderter Kraft anspannt, um dann wie gewohnt möglichst tief zu entspannen. Hat man auf dieser Stufe ausreichend Erfahrungen gesammelt, geht es zur nächsten weiter.

Bei der »inneren« willkürlichen An- und Entspannung ist die Anspannung von außen nicht sichtbar. Die Anspannung erfolgt nur andeutungsweise, gerade noch spürbar, ohne tatsächliche Bewegung. In der Praxis sieht das so aus: Bei der Unterarmübung werden beispielsweise die Muskeln so angespannt, als ob man eine Faust machen wollte, ohne die Hand wirklich zu bewegen. Auch die vertiefte Entspannung verläuft auf diesem Weg.

Anschließend folgt die Stufe der An- und Entspannung in der Vorstellung. In ihr spielt sich das Training nur noch »im Geiste« ab. Der Übende stellt sich die mit der Anspannung verbundenen Empfindungen möglichst plastisch vor, um sich dann auf das Gefühl einer vertieften Muskelentspannung zu konzentrieren. Damit ist die Stufe des mentalen Trainings erreicht.

Auch in dieser letzten Übungsstufe sollte in den Entspannungsphasen ausreichend Zeit zur Verfügung stehen.

Wieso kann die Übung in der »Vorstellung« ebenso wirkungsvoll wie das Grundtraining sein? Das liegt daran, dass Vorstellungsinhalte auch auf den Körper wirken. Dieser seelisch-körperliche Zusammenhang ist jedem vertraut, ohne dass es ihm immer bewusst ist. Allein wenn wir an Situationen denken, die mit starkem Ärger, Angst oder Kränkung verbunden sind, beobachten wir in der Regel körperliche Veränderungen an uns. Vielleicht erhöht sich der Herzschlag, die Hände werden feucht oder es schlägt einem »etwas auf den Magen«. Muskelverspannungen sind an der Tagesordnung, man denke nur an die Redewendung »Es sitzt jemandem etwas im Nacken«. Diese Wirkungen finden wir auch im umgekehrten, im positiven Fall. Beruhigende Vorstellungen wie beispielsweise der Gedanke an eine schöne Landschaft oder an ein sehr angenehmes Erlebnis wirken seelisch und körperlich entspannend.

Beim mentalen Entspannungstraining nutzen wir das seelisch-körperliche Zusammenwirken, um über unsere Konzentrationsfähigkeit eine vertiefte Muskelentspannung zu erreichen. Der Vorteil des mentalen Trainings ist offensichtlich: Da es sich in der Vorstellung abspielt und keine »demonstrativen« Übungen beinhaltet, lässt es sich in fast allen Alltagssituationen praktizieren.

Wichtig scheint mir in jedem Fall zu sein, keinen Zwang in der Erreichung der Stufe des mentalen Trainings zu sehen. Es geht nicht darum, eine Art Zen-Meister zu werden, sondern um das erfolgreiche Training. Erfolg kann man bereits mit dem Grundtraining haben und dieselben Effekte erzielen. Beim mentalen Training handelt es sich um eine für Jugendliche geeignete »elegante« Weiterentwicklung, die man zum eigenen Vorteil nutzen kann, aber nicht muss.

Schlussbemerkung

»Wenn du jemandem, der hungert, einen Fisch gibst, wird er einmal satt. Wenn du ihn fischen lehrst, kann er sich selbst ernähren.«
(chinesisches Sprichwort)

Die Progressive Relaxation darf – wie bereits erwähnt – nicht als ein umfassendes Patentrezept missverstanden werden. Aber sie stellt eine wirksame Hilfe zur Selbsthilfe dar, um einen eigenen Beitrag für die seelische und körperliche Gesundheit zu leisten. Sie gehört zu den wenigen bisher bekannten und durch Forschungsergebnisse belegten gesundheitlichen Schutzfaktoren. Kinder und Jugendliche sind in zunehmendem Maße schädlichen Belastungen durch Distress und Umwelteinflüsse ausgesetzt. Gesundheitliche Schutzfaktoren, die ein effektives Gegengewicht gegen gesundheitliche Risikofaktoren darstellen, werden für den Erhalt oder die Wiederherstellung von Gesundheit und Wohlbefinden immer wichtiger. In diesem Zusammenhang kommt der Verbesserung der Entspannungsfähigkeit eine große Bedeutung zu. Je früher Kinder und Jugendliche die Progressive Relaxation erlernen, desto größer ist der präventive Nutzen dieses Schutzfaktors. Dabei lässt sich die Progressive Relaxation gut in den Alltag integrieren: Der notwendige Zeitaufwand ist relativ gering und lässt sich flexibel handhaben.

Bei vielen längerfristig übenden Kindern und Jugendlichen verändert sich die Einstellung zum Training mit der Zeit: Die »Übung« wird zum »Bedürfnis«; die jederzeit mögliche vertiefte Ruhe wird als eine Bereicherung und Erhöhung der Lebensqualität empfunden.

Aber auch wenn das Training nicht in allen Fällen längerfristig praktiziert wird und vielleicht wieder »einschlafen« sollte, haben die gesammelten Erfahrungen großen Wert. Bei vielen Kindern und Jugendlichen, die das Training kennen gelernt haben, entwickelt sich eine größere Sensibilität für Anspannungs- und Entspannungsphänomene. Diese erhöhte Sensibilität ist eine Voraussetzung für eine Verbesserung der Stressbewältigungsfähigkeiten. Nur etwas, das ich erkenne, kann ich auch verändern. Außerdem zeigt die Erfahrung, dass Menschen, die in früheren Zeiten einmal ein Entspannungstraining kennen gelernt haben, bei einem erneuten Anlauf in aller Regel besonders gut von einem entsprechenden Kursangebot profitieren. Der Satz »Was Hänschen nicht lernt, lernt Hans nimmermehr« stimmt in diesem Zusammenhang sicher nicht. Auch Hans kann noch die Progressive Relaxation erlernen. Falls er das Training aber bereits als Hänschen kennen gelernt haben sollte, wird er es später deutlich leichter und intensiver erlernen und praktizieren können.

Wer sich einen umfassenderen Überblick über bisher bekannte gesundheitliche Schutzfaktoren und über das Zusammenwirken von Psyche, Verhalten und Gesundheit verschaffen möchte, der sei auf mein Buch »Lachen, lieben – länger leben«[25] hingewiesen.

Weitere Auskünfte zu Entspannungsverfahren erhalten Sie bei der

Psychologischen Fachgruppe für Entspannungsverfahren
Autogenes Training · Progressive Relaxation · Hypnose · Biofeedback
im Berufsverband Deutscher Psychologinnen und Psychologen
Römerstraße 21
80801 München

Literatur

1   *Booth, R.* (1997). Ich spanne meine Muskeln an, damit ich mich entspannen kann. München: Kösel.
2   *Brenner, H.* (1998). Entspannungstraining. München: Humboldt.
3   *Frey, H.* (1978). Förderung der Rechtschreibleistung von Legasthenikern durch autogenes Training. Zeitschrift für Entwicklungspsychologie und Pädagogische Psychologie, 10, 258–264.
4   *Gröninger, S. & Stade-Gröninger, J.* (1996). Progressive Relaxation. München: Pfeiffer.
5   *Jacobson, E.* (1938). Progressive Relaxation. Chicago: University Press.
6   *Jacobson, E.* (1990). Entspannung als Therapie. Progressive Relaxation in Theorie und Praxis. München: Pfeiffer.
7   *Kiecolt-Glaser, Janice, K.* et al. (1985). Psychosocial enhancement of immunocompetence in a geriatric population. Health Psychology, 4, 25–41.
8   *Klein-Heßling, J. & Lohaus, A.* (1998). Bleib locker. Göttingen: Hogrefe.
9   *Klein-Heßling, J. & Lohaus, A.* (1999). Zur Wirksamkeit von Entspannungsverfahren bei unruhigem und störendem Schülerverhalten. Zeitschrift für Gesundheitspsychologie 7 (4), 213-221.
10 *Krampen, G.* (1992). Effekte der Grundübungen des AT im schulischen Anwendungskontext. Psychologie in Erziehung und Unterricht, 39, 33–41.
11 *Krampen, G.* (1992a). Einführungskurse zum Autogenen Training: Ein Lehr- und Übungsbuch für die psychosoziale Praxis. Göttingen: Verlag für Angewandte Psychologie Hogrefe.
12 *Krampen, G.* (1995). Einsatzmöglichkeiten und Nutzen des AT im schulischen Kontext. In: *Greuer-Werner, M., Hamckel, C. & Heyse, H.* (Hrsg.). Psychologie: ein Beitrag zur Schulkultur. (siehe 206–221). Bonn: Deutscher Psychologen Verlag.
13 *Krampen, G. & Ohm, D.* (1984): Effects of Relaxation Training during Rehabilitation of Myocardial Infarction Patients. International Journal of Rehabilitation Research 7(1), 68–69.

[14] *Krampen, G. & Ohm, D.* (1994). Entspannungsverfahren in der Prävention und Rehabilitation. In: *Petermann, F. & Vaitl, D.* (Hrsg.). Handbuch der Entspannungsverfahren, Band 2. Weinheim: Psychologie Verlags Union, 262–288.

[15] *Kröner, B. & Langenbruch, B.* (1982). Untersuchung zur Frage der Indikation von Autogenem Training bei kindlichen Konzentrationsstörungen. Psychother. Psychosom. Med. Psych., 32, 157–161.

[16] *Kröner, B. & Steinacker, I.* (1980). Autogenes Training bei Kindern: Auswirkungen auf verschiedene Persönlichkeitsvariablen. Psychotherapie, Psychosomatik, Medizinische Psychologie, 30, 180–184.

[17] *Lazarus, R. S.* (1966). Psychological stress and the coping process. New York: McGraw Hill.

[18] *Lazarus, R. S. & Launier, R.* (1978). Stressrelated transactions between persons and environment. In: *Pervin, L. A. & Lewis, M.* (Eds.). Perspectives in interactional psychology (287–327). New York: Plenum Press.

[19] *Luthe, W. & Schultz, J. H.* (1969). Applications in psychotherapy. In: *Luthe, W.* (Hrsg.). Autogenic therapy, Vol. III. New York, NY: Grune & Stratton.

[20] *Ohm, D.* (1987). Entspannungstraining und Hypnose bei Patienten mit koronarer Herzkrankheit in der stationären Rehabilitation. Regensburg: S. Roderer.

[21] *Ohm, D.* (1990a). Psyche, Verhalten und Gesundheit. Der eigene Beitrag zu Gesundheit und Wohlbefinden. Stuttgart: TRIAS Verlag.

[22] *Ohm, D.* (1990b). Entspannungstraining und begleitende Hypnosetherapie bei Koronarpatienten mit hohen internalen Kontrollüberzeugungen. Zeitschrift für Klinische Psychologie 19 (3), 256–267.

[23] *Ohm, D.* (1992). Progressive Relaxation. Überblick über Anwendungsgebiete, Praxiserfahrungen und neuere Forschungsergebnisse. Report Psychologie 17 (1), 27–43.

[24] *Ohm, D.* (1994). Entspannungstraining – Forschungsergebnisse und praktische Erfahrungen zu Autogenem Training, Progressiver Relaxation und Anwendungskombinationen. In: *Zielke, M. & Sturm, J.* (Hrsg.). Handbuch der stationären

Verhaltenstherapie. Weinheim: Psychologie Verlags Union, 378–394.

[25] *Ohm, D.* (1996): Entspannungstraining: Standards, Entwicklungen und Perspektiven unter präventivem und schulpsychologischem Aspekt. In: *Witruk, E. & Reschke, K.* (Hrsg.). Zur gesunden Schule unterwegs II. Regensburg: Roderer, 21–34.

[26] *Ohm, D.:* Lachen, lieben – länger leben. Genießen lernen, Lebenssinn finden, Freude und Glück erleben Stuttgart: TRIAS Verlag (1997)

[27] *Ohm, D.:* Progressive Relaxation. Tiefmuskelentspannung nach Jacobson. Einführung und Übungen. Stuttgart: TRIAS Verlag (1999[3]).

[28] *Petermann, U.* (1996). Entspannungstechniken für Kinder und Jugendliche. Weinheim: Psychologie Verlags Union.

[29] *Polender, A.* (1982). Entspannungs-Übungen: Eine Modifikation des Autogenen Trainings für geistig behinderte Kinder. Praxis der Kinderspsychologie & Kinderpsychiatrie, 31, 50–56.

[30] *Puskarich, C. A.* (1992). Controlled examination of effects of progressive relaxation training on seizure reduction. Epilepia, 33 (4), 675–680.

[31] *Schildbach, S. & Schildbach, C.* (1999). Stellenwert der Entspannungsverfahren in der Behandlung epilepsiekranker Kinder. Der Rundbrief. Deutsche Gesellschaft für ärztliche Hypnose und autogenes Training 10 (1999).

[32] *Vaitl, D.* (1993). Psychophysiologie der Entspannung. In: *Vaitl, D. & Petermann, F.* (Hrsg.). Handbuch der Entspannung. Band 1: Grundlagen und Methoden. Weinheim: Psychologie Verlags Union (25–63).

CD für Kinder und Jugendliche

Ohm, D. (1999). Progressive Relaxation für Kids. Nur kein Stress: Wie du ganz easy durch jede uncoole Situation kommst. CD. Stuttgart: TRIAS Verlag.

CD für Erwachsene

Ohm, D. (1998). Stressfrei durch Progressive Relaxation. Stuttgart: TRIAS Verlag.

Im bunten Kinder-Alltag sind immer wieder Pausen nötig. Mit den neuen TRIAS-RELAX-CDs von TRIAS findet Ihr Kind schnell zurück zu innerer Ruhe und Stille.

Tolle Entspannungs-Ideen für Ihr Kind

5-10 Jahre

- Die Gesänge verschiedener Walarten geben Ihrem Kind Ruhe und Gelassenheit.

- Mit 12 originellen Geschichten rund um die beliebten Meeresgiganten.

- Das Begleitheft stellt Ihrem Kind die Wale von der CD einzeln vor.

CD mit Begleitheft
DM 29,80 / SFr 30,40 / ÖS 221,–
(unverb. Preisempf.)
ISBN 3-89373-503-8

8-13 Jahre

- Eine der beliebtesten Entspannungs-Methoden jetzt speziell für Kinder.

- Schnelles Relaxen bei Schul-Streß oder Ärger im Pausenhof.

- Macht immer Spaß: kurze und lange Übungen für jede Gelegenheit.

CD mit Begleitheft
DM 29,80 / SFr 30,40 / ÖS 221,–
(unverb. Preisempf.)
ISBN 3-89373-768-5

Mit diesen praktischen Eltern-Ratgebern von TRIAS sind Sie in allen Situationen bestens informiert.

Buchtipps für Sie

So wachsen Ihre Kinder gesund und glücklich auf

- Lindern Sie mit sanften Kneipp-Anwendungen die häufigsten Kinder-Krankheiten.

- Entdecken Sie sanfte Wickel, heilende Packungen und Bäder zum Selbermachen.

- Praktisch: Der klare Rezept-Stil zeigt Ihnen Schritt für Schritt wie es richtig geht.

128 S., 54 farb. Fotos
DM 24,90 / SFr 24,20 / ÖS 182,–
ISBN 3-89373-527-5

- Alle lebensrettenden Maßnahmen nach den häufigsten Notfällen geordnet.

- Dieses Buch sagt Ihnen Schritt für Schritt ganz genau, was zu tun ist.

- Sofort griffbereit: Giftnotruf-Nummern und Schnell-Anleitung zur Herz-Lungen-Wiederbelebung.

103 S., 19 Abb.
DM 19,80 / SFr 19,40 / ÖS 145,–
ISBN 3-89373-435-X